受傷的孩子和長不大的雙親

修復親子角色逆轉，療癒童年創傷

子供にしがみつく心理
大人になれない親たち

加藤諦三——著　楊鈺儀——譯

前言

約翰・鮑比*以研究兒童心理聞名，他曾提出「親子角色逆轉」這個現象。

所謂的「親子角色逆轉」是指「父母向孩子撒嬌」，但正常來說應為孩子向父母撒嬌，所以這句話的意思就是雙方角色相反了。也可以說是「顛倒的親子關係」。

本來是父母必須滿足孩子撒嬌的慾望，但卻反過來，變成孩子背負「滿足父母撒嬌需求」的責任。

教育孩子成長的過程中，最重要的是要傾聽孩子的聲音，滿足孩子「得到讚賞」的需求。

但有時，孩子卻必須聽父母自吹自擂，並佩服地說「好厲害！」這就是「親子角色逆轉」。是父母在向孩子撒嬌。

孩子必須傾聽父母的自我炫耀，並給予讚美，若不這樣，父母就會表現不高興的態度。「親子角色逆轉」對孩子來說是很辛苦的。

例如母親做了料理。若孩子不說：「哇！真好吃！」母親就會不高興。

例如父親買了車。若孩子不說：「哇！好酷喔！」父親就會不高興。

傾聽父母的炫耀成為孩子的任務。

也就是說，本來是孩子需要父母的愛，卻反過來變成父母向孩子索求這份「必須的愛」。他們就像是「長不大」的父母一樣，向自己的孩子撒嬌。

若是如此，孩子與其說是被愛，更像是被搾取愛。

身處「親子角色逆轉」的父母，在育兒上不可能做得好。因此，會演變為育兒失敗，孩子遲早出現問題。

形成「親子角色逆轉」的問題是，父母本身以為自己是理想的雙親。

*約翰・鮑比（John Bowlby），一九〇七年～一九九〇年，提出「依附理論」的英國發展心理學家。

例如母親會說：「我總是會親手做料理給孩子。」這是因為他們認為親子間形成一體感是最理想的。但是，孩子不會向母親索求一體感，而是母親向孩子索求一體感。

母親沒有發現，自己在索求一體感的內心有著不安。這就是鮑比所說的「不安全型依附」*。母親內心的不安，會驅使她對孩子撒嬌並想支配孩子，以期在孩子身上索求一體感，但她不會察覺到這件事，而會認為自己做得很好。

「親子角色逆轉」的雙親，將自己小時候想要和父母在一起的心情，轉換成想要和孩子在一起。父母用自己童年「對愛的飢渴」去攻擊孩子。

例如小時候想要一起去家族旅遊卻去不了，因此自己成為父母後就會帶孩子去家族旅遊，但這麼做目的不是為了孩子，而是為了自己。

也就是說，這些父母利用在經濟、生理和心理上都沒辦法獨立的孩子，療癒父母「舊時的心理傷痛」。

孩子成為父母的玩偶。

「親子角色逆轉」的雙親把孩子放進「搖籃」中。因為父母自己在兒童時代沒有被放在搖籃中好好搖過。

他們想要藉由自己的孩子來滿足那分需求不滿。

「親子角色逆轉」的父母會向孩子索求「搖籃」的呵護。

而「親子角色逆轉」的特徵是，所有本質上的東西都會受到隱蔽。

「親子角色逆轉」是父母透過「無意識的必要性」*來育兒。孩子成為解決雙親心中

---

*出自依附理論（**attachment theory**）。當我們和對自己而言重要的對象互動，對方總是可獲得的、支持的，我們就會充滿安全感，認為自己是一個值得被愛的人，他人也是值得信任的，如此發展出來的內在運作模式是正向的，即為安全型依附；但是當安全感未被滿足，我們會開始擔心自己是否值得被愛，此時我們就會採取不安全型依附（又稱為次級依附策略，**secondary attachment strategy**），也就是所謂的焦慮型依附與逃避型依附。

*弗洛伊德的精神分析理論中將人的精神意識分為意識、前意識、無意識三層。無意識成份是指那些在通常情況下根本不會進入意識層面的東西，比如，內心深處被壓抑而無從意識到的欲望，秘密的想法和恐懼等。

糾葛的工具。也就是說，對孩子來說，那是最不理想的成長環境。

每個人都有基本需求*，所謂的基本需求，包含人會本能地向自己的父母索求其所擁有的父愛與母愛。

若這分基本需求沒有得到滿足，將來他們成為父母，面對孩子時，就會形成「親子角色逆轉」。

對「親子角色逆轉」的父母來說，孩子成為父母，父母成為孩子。

就像孩子會緊黏父母，於是父母變得緊黏孩子。

有些雖結婚生子成為父母，但不代表幼兒期望就消失了。成為父母後，會想在與孩子的關係中，滿足自己的幼兒期望。他們會對孩子採用各種哭鬧、恐嚇、自殘、道德騷擾、情緒勒索等手段，讓孩子滿足自己的願望。

這就是鮑比所說的「親子角色逆轉」。

幼兒期望沒得到滿足的父母會向孩子撒嬌，聽見外人稱讚孩子就會覺得受傷，並因而發怒，無法發怒則會鬧彆扭。

父母成為無理取鬧、愛發脾氣的「小孩」，而孩子成為照顧父母生活和情緒，滿足父母各種期望，不斷自我犧牲的「父母」。

本來應該是父母要滿足孩子的撒嬌，但親子的角色卻逆轉。亦即，孩子變得必需要滿足父母的撒嬌。

此外，我們都認同，合格的父母首要的就是體諒孩子的心情。即便孩子再難受，但只要有人能理解自己的心情就會感到安心。因此孩子會放鬆情緒、發奮圖強。

但在「親子角色逆轉」中，也是反過來——父母會冀求孩子體諒自己的心情。

依附心強烈的父母，會不停地向孩子傾訴自己生活上的苦惱，他們無法直視自己心中的煩惱和問題，而將孩子捲入了自己心中的糾結。

若是在生活中「被捲入事件」，我們可以報警，讓警察解決；但若是被捲入負面情緒中，警察是不會前來救援的。

---

*請參考馬斯洛的需求層次理論。

在「親子角色逆轉」中，父母會用自己的情緒攻擊孩子。將自己生活中的不如意怪罪到孩子身上，對孩子進行語言暴力、人身攻擊。

「親子角色逆轉」的父母雖打造了一個家，卻不想讓任何人踏入家中一步。雖有自己的家，卻沒有作為共同體的家人。

目錄

第2章 父母內心的小孩

第3章 不得不成為大人的孩子

第4章 教養的真相

第5章 面對現實

第 1 章

親子角色互換

父母的角色

成為父母的喜悅，大概是能體會到「單純付出」，而不向對方祈求回報。為人父母者，在面對孩子的任性時，會站在想要滿足孩子的立場，而不是用控制的方式要求「你必須這麼做」「你必須那麼做」。

正常來說，父母的立場是實現孩子的要求，而不是說著「我還想要再玩一下」。父母的立場是自己工作、不到處玩耍，以實現孩子想玩的願望。

因此，很多人在心理上還沒長大，無法成為父母。但是在現實中卻結了婚，生了孩子，生理上成為父母。因為變成父母，不得不擔任起社會所期望的父母責任。

其實現在很多父母都還沒準備好當父母，他們在無意識中大叫著：「我討厭成為父母！」並呼喊著：「我還是個孩子啊！」

然而現實卻無視這樣的叫喊聲，不論是孩子還是社會，都強迫這些人承擔父母的職責。而這些人也都沒有傾聽自己心底的喊叫聲，對自己心底的喊叫聲充耳不聞。自己不理解自己，自己不懂自己，沒有察覺自己的心情。

因此這些人總是對孩子的言行舉止感到不滿。自己沒有發覺，其實自己在心理上還沒有成為父母的資格，而把責任轉嫁給周遭世界。

從小不被愛的人長大成人，會留有各式各樣的需求，像是自己隨性撒嬌、自私任性、以自我為中心的需求、想要獲得注目以引人注意的需求、不管時間只想玩耍的需求。

因為這些都是天生的強烈需求，所以這份任性彷彿浸入骨髓中一樣。

若小時不被愛，長大成人後，像幼兒般任性、令人束手無策的幼兒特性，會繼續保留、沒有消失。

兒童時期沒有玩得盡興，心中這分需求就不會消失。

不被愛，沒有得到嚴格的教養，也沒有充分玩耍，這樣的人，即便在生理上、社會上成為大人，在心理層面仍是沒有責任心的兒童，只是用大人這個包裝紙包起來而已，但內在其實還是一個完全沒有責任感、依賴心很強的孩子。

而這樣的孩子成為父親，成為母親。就算跟這些長不大的雙親說「生之喜悅、付出的喜悅」，也是完全沒有作用的諮商。因此育兒當然不會順利。

當然，我不認為育兒順利的人，有炫耀、責難他人的資格。在責備育兒失敗的人之前，應該要感謝自己成長於幸福的家庭。

話雖這麼說，我也不是說育兒失敗的人可以抬頭挺胸。育兒失敗的人還是要反省自己沒有成為父母的資格。

如果有人十二歲結婚就成為父親，周遭的人會怎麼說？會不會說：「好可憐啊，明明還是愛玩的時期。」還是會說：「對他來說，父親的責任太重大了啦。」

但其實在現實中，有些人雖然身為父親，但心理年齡別說是十二歲了，甚至連六歲都不到。

生理年齡以及社會性年齡可以看得出來，但心理年齡卻看不出來。問題就出在這裡。雖然身體已經三十五歲，但像小孩般的「愛玩時期」卻還沒結束。愛玩期結束的人，或許代表童年很幸福，而沒有結束的人，或許是童年時期留有創傷或不滿。

有些孩子從五歲左右就開始照顧父母的心理，更別說有什麼愛玩的時期了。這就是「親子角色逆轉」。

我在美國的紀念品店中買的信紙上寫有一首詩《as I grow》。其中有一段是這樣寫的。

「請把注意力投向我，請和我一起度過時光。這麼一來，我就會相信自己是重要、有價值的人。」（Pay attention to me, and spend time with me. Then I can believe that I am important and worthwhile.）

這是孩子向父母傾訴的詩，但其實也是在控訴情緒未成熟的父母。父母在兒童時期也曾發出與此相同的吶喊，但卻不被傾聽，所以長大以後內心深處仍同樣在吶喊著。

若父母自己的內心深處也像那樣在吶喊著，一般是不可能去傾聽孩子的呼喊。

就算責備他們沒有資格身為父母親也沒用。實際上，這些人既沒有成為父母的資格，也沒有父母的責任感。

但若無法正視這個現實，就無法讓孩子成長，也無法讓自己成長。

假若育兒不順利，此時最重要的是父母要認清自己的幼稚。

「很遺憾，我不是好父母。」拒絕承認這點，始終看不到自己的問題，這樣的人將會成為最糟糕的父母。

至少要承認「自己不是好父母」，才能避免成為最糟糕的父母。

當然我不是說要突然改變態度。此外，也不是要大家自責「自己是沒用的父母」。不用突然改變態度、不用悲傷、不用絕望、無須憐憫也不是責備，只要承認就好。

然後從此處出發。

若父母拒絕承認自己的幼稚，就必定淪於責備孩子。

「親子角色逆轉」這裡父母會因為自己本身的幼稚，而對孩子說「你是沒用的小孩」，進行語言暴力與人身攻擊。

不認同自己

想要幸福，就要磨練自我。所謂的磨練自我，就是自己雖是這個德性，但該努力的地方會好好努力。雖是不合格的父母，但願意努力改變。

然後才會開始真正的親子關係。

不只是親子關係，和朋友在一起也一樣。若自我封閉，不敞開心房，再溫柔的朋友也會逃開。朋友也是因為寂寞，才渴求心靈上的接觸。

逃避現實的人是不會幸福的。我認為幸福是愛原始自然的自己，而真實的自己，就是認同自己的臉、能力、身體。能包容「原始自然」就是幸福，即便失敗也無所謂。這麼一來，人際關係也會是真誠的。

若與人相處總是小心翼翼，不說出自己的真心話，即便對朋友不滿也不敢說出口，那離幸福就差得遠了。

不論一個人有多少錢、社會地位有多高，若沒有真心交往的對象，都是不幸的。

「現在的自己就很好！」這樣理所當然的想法會喚來幸福。社會上的成功或許與能力有關，但幸福卻在「現在的自己就很好！」這樣理所當然的心情中。

若是能持續這樣的幸福生活，就會在不知不覺中獲得活力。

認可自己，認可他人，這就是幸福。成功是累積每日的生活方式而得來的。幸福是

「這樣就可以了唷」這種想法所帶來的。

若沒有這種想法，變得總是抱怨與忌妒「那個人明明只有那點能力，我比他好太多了」就會變得不幸。

長不大的父母不論是對自己還是對孩子，都沒有「這樣就可以了唷」的想法。

滿足他人，心情會變得平和。可惜這些父母不能體會這一點。

「父母因不想放開孩子，導致孩子無法上學」這個情況，在家庭調查中，鮑比寫有如下的文字：

「這種的家族型態，不論何時，父母本身會對情感對象有效性感到非常不安，無意識中，就會向孩子索求父母的模樣，自己則擔任起孩子的角色，逆轉了正常的親子關係。結果孩子會被期待去愛父母，父母也會索求孩子的愛以獲得安慰。一般來說，這樣的逆轉隱蔽的。母親會主張並接受孩子需要特別的照顧以及保護，而處理家庭問題經驗不足的臨床心理學家甚至相信，這樣家庭的孩子『會因自己的任性總是獲得滿足（被寵壞），而發生問題』。」（註1，見書末）

沒被滿足的基本需求

這裡指的基本需求，就是向母親渴求母愛。

若童年時期這分基本需求沒被滿足，即長大成人、成為父母，就會想在與自己孩子的關係中滿足基本需求。也就是說，父母和孩子「親子角色逆轉」。

在這種情況下，孩子對過度干涉的父母心懷憎惡，但又對不關心自己的父母懷有愛的渴望。

母親漠不關心，父親過度干涉。

這樣的組合是最糟糕的。

在這樣的環境中，孩子可能會罹患精神官能症。甚至可以說，身處這樣的環境，正常人一定會罹患精神官能症。

精神官能症的心理狀態，是懷有憎惡以及愛的渴望。若換種說法，就是「憎惡與空虛感」。

而這就是自我疏遠的心理狀態，也是憂鬱症的症狀。

若基本需求沒被滿足，當然無論如何都會被愛的渴望所苦。但就算向現實的母親索求關愛也是不可能的。因此有些人會轉而索求名聲。名聲可替代母親使他們獲得滿足，若能獲得名聲，就能得到關注。

於是很多人會強迫性地追求名聲。就算跟這些人說「不要為了追求名聲而損害了自己的健康」他們也聽不進去。追求名聲是他們在無意識中為了支持自己的心靈而必須要做的事。

誰都知道金錢無法讓人幸福。

但是強烈渴望愛的人，就算搞壞身體也不得不去追求金錢。那是因為他們視金錢為替代母愛的滿足感。

首先，若無法滿足他們對愛的渴望，他們就會去追求名聲、金錢與權力作為代替，來滿足這分渴望。

就像亞伯拉罕・馬斯洛（Abraham Harold Maslow）所說，基本需求必需優先被滿足。而「有被滿足」以及「沒被滿足」，這兩者在生活方式上有決定性的不同。

因此兩者很難相互理解。

若是愛的渴望沒被滿足，人們下意識去尋找替代品，想辦法滿足愛的渴望。

心理滿足的一般人來看，會覺得「明明吃飯時間就很夠，為什麼還要這麼焦急、勉強？」或是「為什麼那個人要勉強自己做到這種程度」等等，很多人都無法理解不滿足者的言行舉止。

剛才所說的是以金錢、權力等取代不被滿足的「愛的渴望」，若金錢、權力都無力取得、替代對象是人呢？又會變成什麼情況？

因為對愛有強烈的渴望，所以無論對象好壞都想得到愛，即使對象是個「混蛋」。一般人無法理解他們的行為。其實他們只是想要用「替代品」滿足基本需求，所以不論是誰都好，就是想被人喜愛，而不是想被特定的人所喜愛。

其實他們心中真正想讓某個人愛自己，但是他們知道，那個人不會愛自己。

結果他們反而由愛生恨，心生憎惡。明明是渴求愛，但因為對方不愛自己，就變成憎惡。

一旦產生憎惡的情緒，就無法率直地渴求愛。

若財富、名聲等替代滿足都無法獲得，就會向周遭的人們尋求替代滿足。

例如基本需求沒被滿足的男性，會渴求女友作為替代滿足，女友變成媽媽的替代品。但這是行不通的。

財富、名聲都無望，甚至從男女朋友或配偶身上都得不到愛，剩下的就只有孩子。

「嚮往財富、名聲、戀情與遠方」，卻沒有捨棄故鄉、去遠方旅行的勇氣。剩下的就只有孩子。

「親子角色逆轉」的父母，努力想活下去。因為是生死關頭，所以緊黏著孩子。至於孩子是生是死，隨便怎樣都無所謂。

因為自己也正站在生死的懸崖邊。

如果一直在基本需求得不到滿足的情況下活到現在，一個人會想優先滿足過去沒被滿足的需求，這種人無法活在當下。

舉例來說，有人從東京車站搭新幹線去到濱松*。在那兒，他卻不想吃鰻魚，而是說「我想吃橫濱的燒賣」。

有人去到名古屋。但他不想吃名古屋的特產棊子麵，卻說「我想吃濱松的鰻魚」。

有人到了秋天不想賞紅葉，卻說想在夏天的海水中游泳。

因為過去的需求沒被滿足，因而執著於去滿足那分需求，變得焦慮、急躁。

隨著時間流逝，需求遲遲沒有得到滿足，會感到焦慮、急躁，這是理所當然的。雖然想恢復原狀，但到了現今這地步，已不知道該怎麼恢復原狀了。因此只能無意義地繼續焦慮著。

*濱松，位於日本靜岡縣，鰻魚是當地飲食文化代表。名古屋的㈥子麵，㈥音棋。

被壓抑的憎恨

在所謂的「親子角色逆轉」中，我們可以看到各式各樣的案例。許多案例都會令人吃驚：「會做出那種事的究竟是什麼樣的父母啊」、「真令人不敢相信居然有那種事」。

父母也是人，所以幾乎沒有理想的父母。有各式各樣的父母，自然也會有各式各樣的例子，讓人感覺不敢置信，甚至直呼「太恐怖了」的例子都有。

在人際關係中，我們總把親子關係美化、理想化。尤其會將母愛崇敬為無私的愛。對這麼想的人來說，本書中會出現很多「好恐怖，不敢相信這是真的」這種例子。恐怖即真實就是本書的主要內容。

不過，要理解最嚴重的案例，就要先從沒那麼嚴重的案例開始看起。

「一開始，約翰看起來是黏著父親，但沒多久就可以清楚看出，是父親在渴求兒子與自己相處。在分析過程中，父親開始發現，就像自己想利用兒子來處理自我的恐懼，自己的父親也用相同的方式對待自己。」（註2）

請先想一下父母向孩子撒嬌的實際例子。

我們先來看一下導致親子角色逆轉的其中一個過程，思考一個父母向孩子撒嬌的案例。

在這個案例中，一位母親A來找我諮商關於大女兒的反抗。

A說她女兒一直到國中都是「好孩子」，但成為大學生後就開始會和A吵架。

A語氣強烈地責備女兒：「為什麼臉色這麼陰沈？」

女兒則說：「我的聲音就是這麼不開朗。」

A說：「全都是因為我說話的方式不好。」這樣的說法是在貶低自我。其實她一邊對女兒懷抱有攻擊性，一邊將對象置換成自己。

A說自己現在一點都不快樂。

現在就算在家，也會避開與大女兒碰面。A說：「若大女兒來餐廳吃飯，我就出去。」會盡量不讓大女兒進到她伸手可及的範圍內。

而A的丈夫則總是對A口出穢言。丈夫說：「妳真該覺得自己是很糟糕的女人，就像在寒冷中快凍死那樣。」

但是A卻只能接受丈夫的貶低，說：「我居然被你說成這樣。」

A將這位過分的丈夫形容成是「先生是很平穩的人」。這其實是攻擊性置換。其實她憎惡著丈夫。她本來的攻擊對象其實是丈夫。

但是A沒有發現，她反而幫丈夫講話：「先生的成長背景不同，是不一樣的人。」

至於A的成長環境，她自出生就沒有父母。親戚輪流撫養她。在哪兒她都是第一個被打的。連晚上睡覺也總是被打。直到十八歲，才終於離開親戚家。

A的成長過程中，經常在上廁所時被人突然打開門捉弄，洗澡時門也總會被打開。她很討厭這樣。

她對這種情形產生攻擊性置換。攻擊性轉而朝向自己，變得貶低自己。

A說：「而且我很任性。」並且自我否定道：「我覺得自己是不知感恩的人。」

A被託付給嚴格的祖父照顧，祖父也總說她：「妳很糟糕。」說她走太快也要打她。

A現在已經五十五歲。

小時候吃個梨子就惹人生氣，多吃點醃漬物也會惹火人。她感到很痛苦，不知道該怎麼辦才好。和親戚同桌吃飯的時候，她只好盯著醃漬物看，不敢動手夾菜吃。

祖父家裡都是大人，她說：「大人們都說我很任性。」

而現在，A開始責備自己的大女兒，說女兒臉色陰沉。

於是A回顧自己的小時候，身邊的人很不講理，她明明沒做錯什麼事，卻對她發脾氣。她突然想到：「我被雙親拋棄，明明是最孤單寂寞的，為什麼要對我發脾氣呢？」

但是，沒有人對她說：「妳很寂寞吧」。甚至祖母總是對她說：「妳是被拋棄的。」

A說：「我成為多餘的存在。」

A經常都接收到「妳不如消失吧」這類破壞性的訊息。

結果導致她產生「我的存在對別人來說是一種困擾」這樣的自我形象。

她討厭祖父。

最後她終於離家，開始一個人生活。那個時候，因被強大的寂寞所擊潰，那分憎惡消失了。

在排遣寂寞與消解憎惡的選擇中，人們會選擇排遣寂寞。

A的生活本身很寂寞，因此想忘卻憎惡。

一整年中，「自己被拋棄」的念頭都在腦中徘徊不去。

因為生活本身很寂寞，一旦意識到憎惡，連帶一定會意識到自己和任何人都沒牽絆。

A曾經向朋友訴苦，告訴朋友自己「很討厭」成長的家，結果朋友說她：「人家好不容易扶養妳長大的。」

某次A想著：「好想去沒去過的高山。」而去到山間。在那兒，她遇到現在的丈夫並結婚。婚後，A開始討厭自己的母親，非常討厭。這是因為結了婚，多少療癒了她的寂寞。

雖然A輪流被親戚扶養，但祖父經常會和母親見面。

而A的母親會要A稱呼她為「姐姐」。

可以說是，因為A結婚，稍微療癒了寂寞。因此，一直壓抑再壓抑於心底的憎惡，就突然湧現。

因為結婚，一直小心壓抑著的撒嬌也冒了出來。

因為寂寞而愛人、意識到憎惡是很可怕的。因想與人產生連結而壓抑憎惡。

然而結了婚，寂寞較此前消失了些，人類本有的撒嬌性格就冒了出來。因寂寞而壓抑著的憎惡，也冒出了意識層面。

將她的憎惡比喻成是醃漬物，寂寞就像是壓在醃漬物桶蓋上的石頭。

A的母親再婚，生了三個女兒，又再度離婚。

A說，她現在覺得「母親真是個可憐人」。

撒嬌的過程

A諮商的事情是「如何與二十一歲的大女兒和平共處」。

那只是她意識到的表面。

A會為大女兒做便當。大女兒出門時會說：「便當我收下了」就出門。A生氣地說：「那態度也太冷冰冰了。」於是情緒爆發，質問：「為什麼要那樣說話？」

用比喻來說，可以將A的情況想成如下：

孩子弄髒了自己的手。他向爺爺說：「幫我洗手。」

爺爺不理會他。

因此孩子又再說了一次：「幫我洗手。」

結果爺爺說：「無所謂啦，反正你的手本來就是髒的。」孩子就說：「知道了。」向爺爺撒嬌失敗。

A從小就是過著這樣的生活。

不過，因為心想「母親都會照顧我」，這時孩子就會撒嬌道「幫我洗嘛、拜託～」若是發現「這個人會幫我做」這樣可以撒嬌的對象，就會提出各式要求。

對於可以撒嬌的人，也會採取和對其他人完全不同的態度。就算是一隻狼，找到可以撒嬌的對象，也會化為一隻羔羊。

A對女兒說：「把房間整理乾淨啦。」

對A來說，此時女兒成為母親。

面對最瞭解自己心情的人，會耍脾氣。因此明明對方是自己的女兒或兒子，態度卻像是面對自己的母親或父親。

對女兒或兒子說話的言語雖是攻擊性的，但意義卻是「爸爸、媽媽竟對我做過這麼過分的事」。

A希望母親（女兒）與自己的關係密切，所以面對母親（女兒）時就越來越任性。

A會向女兒鬧脾氣、撒嬌，這就是「親子角色逆轉」。母親會幫女兒做飯、任意進出女兒房間。之所以會進入女兒房間，就是這位身為母親的女性在耍脾氣。想向女兒撒嬌卻無法撒嬌，所以在鬧彆扭。進入房間後，她希望女兒對她說：「媽媽，怎麼了嗎？」至今為止，一直都沒人對她這麼說過。

女兒方面則覺得母親很難相處。

A在幼兒期想對父母做的事，現在全部倒在女兒身上。

諮商時A會在應該認真的地方發笑。

若是有人認真聽幼兒說話，幼兒會笑。A就像個幼兒一樣。

然而至今，不論A是生是死，都沒人關心過她，因此A無論如何都想體驗幼兒時期的經驗。若是A能理解自己的所作所為是幼兒期的撒嬌、耍脾氣，想法就會不一樣。

再進一步說，她從小時候開始就知道，沒有人寵愛自己。可是現在她終於找到了可以撒嬌的對象，那就是自己的「女兒」。

「今天的諮商『不是女兒的事情，而是妳自己在進行幼兒期體驗，不知該怎麼做才好？』這種諮商呢。」我這麼跟她說，她就點頭承認。

「如何和女兒親近」只是表面上的諮商。

對於母親拿食物進到房間來，女兒不會因此親近母親。因為母親就像幼兒一樣在耍任性，母親拿著食物進到房間來。關上房間門，鬧脾氣。

把這些想成是幼兒的行為，可以完全理解。

就算A問我「該怎麼做才能與女兒親近呢？」我也答不出來，因為這是不可能的。

說什麼「想要親近」是很矛盾的。她自己都討厭親近，卻又說「想要親近」，這是不可能的。因為是她自己關上了門。

就本質上而言，這諮商不是「如何處理與女兒間的不睦」。

關於A這位諮商者的情況，我們可想像吃飯時間，鬧脾氣的孩子窩在自己房間中並關上房門的模樣，就能理解。

鬧脾氣的孩子在關門的房間內，偷聽餐廳裡大家的對話，想著：「怎麼還沒來叫我」。

這就是孩子的心態。

鬧脾氣的孩子在心中說著：「我絕對不出來。」

試著從孩子的角度來思考現實情況。

孩子過了一段時間後，會悄悄打開房門，走出房間，坐在地板上吃東西。

此時，母親可以對他說：「你不在桌上吃嗎？很孤單呢。」

這麼一來孩子就會說：「我是在幫妳吃喔。」若是讓他覺得自己是在施恩，他就會加入大家一起吃飯。

若母親說：「你也給我差不多一點！」孩子就又會鬧起脾氣。

而A也說過類似的話：「我在和大女兒說話時，對大女兒的一切都很不滿。」

若喜歡對方，話說得再重，心意都能相通；若是喜歡，惡言也能相通。

覺得「很生氣」「很討厭」時，最好想成自己是在向對方撒嬌。

若自己死了，大家會難過嗎？

A總會想著：「好想快點去死、好想快點去死」。想著還不如死了算了。

A因鬧脾氣而不知道該怎麼做才能滿足自己的撒嬌需求，於是她對女兒做出了不切實際的要求。這就是隱性的攻擊。A雖然喜愛女兒，卻也討厭女兒。個性中有著矛盾。因此會對女兒做出矛盾的要求。

上述案例，總結一句話就是「這名母親」在對「這名女兒」撒嬌。

「親子角色逆轉」的父母並不會對所有小孩都撒嬌。

他們會選擇能夠撒嬌的孩子。

這不僅只是「親子角色逆轉」，霸凌者會選擇可以欺負的人。一般來說，霸凌者不是誰都欺負的。

還有一點要注意。

那就是身處「親子角色逆轉」的父母，會去迎合對自己殘酷的人。

對包含丈夫在內態度殘酷的人，他們會表現出服從的態度，會徹底覺得「自己不好」並自我懲罰。

反過來，面對自己想要撒嬌的對象，則會徹底攻擊對方。

「親子角色逆轉」的父母，與「受到親子角色逆轉」孩子間的關係，是極為不健全的人際關係。

精神官能症的「親子角色逆轉」

上述的案例，「受到親子角色逆轉」的孩子是大學生，因此不算太嚴重。

這個實例可以讓大家瞭解「親子角色逆轉」的心理過程。

孩子還小，日常生活總是黏著雙親，在這樣的日常生活中，若「親子角色逆轉」進行了幾十年，那就很嚴重了。

上述案例中的「親子角色逆轉」，在程度上，即便沒有像那位母親A一樣背負著不幸的過往，一般父母也有可能會出現類似的情形。

相較於一般人可能會出現的「親子角色逆轉」，本書將針對精神官能症的「親子角色逆轉」做說明。

也就是說，「親子角色逆轉」可以想成兩種情形。那就是有強烈精神官能症傾向的人，與心理健康的人都同樣會出現這種情況。

最嚴重的精神官能症患者出現「親子角色逆轉」時，對孩子來說簡直是地獄。而且不論是父母還是孩子都不會意識到那是地獄。

父母會覺得自己是理想的父母，孩子也會認為父母很完美。

因此實際上是處在地獄的雙親，媒體描述他們是在寵溺孩子。媒體只是將父母因不安而渴求的一體感，誤以為是愛。

本章所敘述的「親子角色逆轉」不是精神官能症型的「親子角色逆轉」，而是很多人都體驗過的類型。

由於父母不是完美理想的人，所以根本不會有完美理想的父母。這麼一來，可以說只要是人，多少都會有陷入「親子角色逆轉」的時候。

孩子在撒嬌，母親想滿足當下正在撒嬌的孩子，但是母親因一時疲憊而沒有做。

可是「等一下再回應」並無法滿足孩子。

養育孩子在就是孩子在索求某件事時，父母一定要在當下立即回應。

但是，如果父母的心理還處在五歲幼兒期，想要他們當下為孩子付出將會很困難。父母也希望孩子能體諒自己的心情。

等到孩子長到十五歲，會希望父母能體諒自己是處在反抗期的心情。但是心理還是五歲幼兒的父母，卻反過來希望孩子體諒自己的心情。

「親子角色逆轉」成功，孩子順從了，雖會照著父母說的去做，但也會有所反抗。

孩子反抗的方式有各種各樣。有的會直接反抗，也有的會採取不去學校這種型式的間接反抗。

「蘇珊拒絕去上學，這是在對威脅要拋棄孩子的母親所做出的反應。」(註3)

「親子角色逆轉」時，母親其實是很寂寞的。其實母親是害怕被拋棄，才會威脅孩子要「拋棄」他們。

當然，母親並沒有意識到這點。

「在許多兒童拒絕上學的案例中，關於父母脅迫的效果方面，已經採用新觀點來看待公布出來的許多報告。例如 E. Klein（1945）年案例報告中，記載有些父親或母親威脅要離家出走；或是有些孩子的父母會威脅孩子，若沒禮貌，父母就會生病或死亡。」(註4)

父母會做想對自己父母做的事，可是若孩子不開心就會生氣，因此會威脅孩子。父母威脅孩子，當然表示他們基本需求沒得到滿足，同時心中懷抱對孩子與配偶的憎惡感，雖然是一個家庭，但心理上卻是處於孤立狀態。

乍看之下很好的母親，卻有些厚顏無恥地入侵孩子的心裡。

這些父母藉由脅迫孩子的方式，想輕鬆讓孩子成為自己期望中的樣子。

若孩子不聽話，父母會自我詛咒的說：「你的好爸媽會死唷」。而孩子們因父母會死而心情激動，於是父母能夠藉此確信自我的存在。對這些父母來說，沒有所謂的自我。

「親子角色逆轉」的父母會藉由孩子的反應來滿足自己對愛的渴望，並從中感到安心。

「在母親（或是父親）沒有察覺的情況下，由於自己過去沒有被當成孩子對待，或是即便如今一切為時已晚，她仍想要滿足『得到充滿愛的照顧』這個曾經失去的願望。同時，她也不想讓孩子與朋友遊戲或是參加學校的活動。別說是寵愛了，這樣的孩子由於長久以來一直處在無法滿足基本需求的狀態中，因為母親『我都是為了孩子』、『我把一切都給了孩子』，所以孩子連表示那種情況是不合理的自由都沒有。」（註5）

一言以蔽之，「親子角色逆轉」的父母會藉由自己的孩子來宣洩童年時期的遺憾。

第 2 章

父母內心的小孩

基本的不安感

依據以兒童研究知名的英國精神科醫師鮑比所說，所謂的「親子角色逆轉」，是父母透過自己的孩子來滿足自己的基本需求。前面提過，基本需求是人類的本能，會向父母尋求父愛與母愛。

對孩子來說，這是「精神官能症父母的需求」。亦即因父母有精神官能症，對孩子的需求便是非現實的、自我中心的、報復性的。

內心的糾結會透過人際關係表現出來，父母心中的糾結透過親子關係表現出來就是「親子角色逆轉」。

「親子角色逆轉」會帶給孩子基本的不安全感。

貧窮的因果我們看得見，所以人們會思考解決對策，但精神官能症的因果卻是看不見的，所以不會被視為問題。

父母因「無意識的必要性」來養育孩子，造成孩子產生基本的不安感。這份不安感會扎根在孩子心底的最深處。

在「親子角色逆轉」中成長的孩子，存在的核心部分有著基本的不安感。孩子就這樣長大成人後，很多人或許都以為會自動變好，但其實幾乎都沒有治癒。存在核心部分的基本不安感，會在黑夜中表現出來。例如會在夢中表現。

美國心理學家大衛・謝布理（David Seabury）說「不要煩惱超過三十分鐘」。他說得很對，但實行起來卻很困難。

寂靜的夜晚睡在床上時，煩惱起來，想了三十分鐘，可以想見，煩惱會變得越來越嚴重。實際上雖不是那麼嚴重的煩惱，那種不嚴重的、當下的煩惱，卻刺激了心底最深處所有的基本不安感，而讓人感到異常煩惱。

在基本需求中，有著像是自我實現般的自立需求與依賴性需求。又或許可以說是成長需求跟退化需求。

幼兒的願望是基本需求，也可說是退化需求、依賴需求。

在喜歡搖籃的時期，會一直想要人搖搖籃；在喜歡被搖晃的時期，會想一直被搖晃；在喜歡蹦蹦跳跳的時期，會想要一直蹦蹦跳跳。

人類的幼兒願望是「想被哄」。幼兒想一直被周遭的人關注，想不斷受到稱讚，總是希望周遭的人會對自己的所作所為有反應。

若這些幼兒期望、幼兒需求無法得到完全滿足，是不會消失的。

在兒童時期，若「想得到稱讚」的幼兒期望被完全忽視，在需求沒滿足的情況下長大成人，即便過了幼兒時期，需求也不可能會消失。

未得到滿足的需求，會在無意識中支配一個人的想法。

例如愛挑剔的人難伺候。這類人不僅會對身邊的人造成困擾，自己也很痛苦。因為是被無意識所支配，心情不好的自己也不知所措。

自己都為自己的性格所苦，可是卻束手無策。

總是想得到稱讚，但成為大人後，就無法像幼兒那樣獲得稱讚。這麼一來，心底就總會有需求不被滿足的感覺。

這份不滿，會經年累月堆積在心中。

這樣的人，看到什麼都會無意識地挑剔、不滿，每一天，不滿的情緒都在心底不斷累積，進而影響到大腦意識。

大腦雖清楚知道，很多時候卻拿自己的心情沒輒。其中原因之一，就是受到無意識的需求所支配。

亞伯拉罕・馬斯洛說精神官能症是缺乏所造成的疾病（註6），我贊成。

精神官能症是基本需求未得到滿足。因不知道該拿這種不滿足如何是好，於是自己的想法就受到支配。

精神官能症傾向強烈的人，首先最要消除的，就是以此為基礎的需求不滿。

人之所以會去追求強迫性的成功，就是因為想要消除在無意識世界中的需求不滿。

小時候很想要獲得稱讚，卻不被稱讚。想蹦蹦跳跳，卻被剝奪了蹦蹦跳跳的機會。

對這分基本的需求不滿莫可奈何。

在心靈需求未能滿足的狀態下，生理上、社會性卻不斷成長，成為大人。心智無法成熟，不論到幾歲，都沒辦法面對自己的情緒，動不動就會生氣、反應過度。

這樣的人會因此產生錯覺，認為「只要自己成功就能獲得稱讚」。認為若是成功，就能消除不滿。

幼兒得到稱讚就會變得有精神，沒有得到稱讚就會沮喪失落。

即便在社會上、生理上成為大人，心理卻還是幼兒，情況也一樣。得到稱讚就會有精神，得不到稱讚就會沮喪失落。

工作順利的時候，變得超有精神。不順利的時候，情緒低落。

然而在現實中，工作不會如預想般成功。而且工作的成功屬於幼兒願望的替代滿足，是沒有界限的。不論如何成功，都會期望著「要再好、更好」。

喬治・魏堡*指出，人們追求名聲，但其實是在追求愛，但如果愛和名聲都得不到，會變成怎麼樣呢？

這一來，剩下的就只有孩子。於是情況變成「親子角色逆轉」，對孩子產生不切實際的高期待。

父母變得想要藉由孩子的成功，對世人還以顏色；又或是孩子成為自己每天負面情感的宣洩出口。

所謂的自卑感，和能力不如人沒有半點關係。自卑感是來自想獲得稱讚卻沒獲得稱讚的體驗中所生出的。

誠如奧地利心理學家阿爾弗雷德・阿德勒（Alfred Adler）所說，基本上，推動人類的是自卑感。我認為他說得沒錯。

反過來說，我認為，基本上推動人類的可說是「想被哄，卻沒得到」所衍生的情緒。

這句話反過來說，基本上推動人類的，等於是基本需求。

長大成人，自然會出現「自我實現」的需求，這邊先不談。但在自我實現之前，優先想滿足的應該是「依賴」的需求。

依賴需求屬於基本需求，就是執著於自我的需求。「自己」想獲得稱讚。希望大家關注「自己」。

自己想獲得稱讚，自己想得到鼓勵，但卻不去關心他人。

*喬治・魏堡（George Weinberg），一九三五～二〇一七年，美國心理學家。

依賴需求屬於基本需求，若是一直無法滿足，即便長大成人，仍會無法獨立。基本需求是對自我執著的需求，忽視這一點，會很痛苦。遭到責難我們會忍受，卻無法自我支持。

既可以說是基本需求，也可以說是幼兒期望，基本需求得到滿足，加上消除了幼兒期望，即便能力不如人也不會有自卑感；若沒有滿足幼兒期望，即便再優秀的人也會有自卑感。

若基本需求得到滿足，加上消除幼兒期望，即便失敗也不會有自卑感；若沒有滿足幼兒期望，即便成功也會有自卑感。

這種自卑感，和社會所定義的成功或失敗無關。

若幼兒期望一直存在心中，即便成功，也無法自我支持，所以情緒經常會不安定。心情上的安定、不安定，與社會上的成功無關。

卡倫・荷妮*說，自卑感是欠缺歸屬感。這也是句名言。

透過父母的稱讚、鼓勵，能讓孩子產生歸屬感，若受到忽視、貶抑，孩子就不會產生歸屬感。若童年時期經常被忽視，長大成人後會欠缺歸屬感。

歸屬感要如何產生？基本上，當幼兒期望、基本需求得到滿足，就會產生歸屬感。對於能夠滿足自己幼兒期望的對象，人們會產生心靈上的羈絆，這是理所當然的。不論是阿德勒說的、卡倫·荷妮說的，還是馬斯洛說的，雖然各自的表述不同，但在本質部分，都是同樣的意思，並沒有不同。

深刻的傷痛

如同先前所說，「親子角色逆轉」是父母以無意識的必要性來養育孩子。孩子成為解

*卡倫·荷妮（Karen Horney），一八八五～一九五二年，德國心理學家，新佛洛伊德學派研究者。

決父母心中糾葛的手段。對孩子而言，這是最不理想的成長環境。

結果，孩子就會產生基本的不安感。

根據卡倫・荷妮，父母依照無意識的必要性來養育孩子，孩子所出現的心理狀態，可稱為基本的不安感。

被母親所愛的孩子，長大成人後，可以脫離母親，心理獨立。

可是，不被母親所愛的孩子，無法脫離母親獨立。不懂得母愛的人，可能導致戀母情結。

母親對孩子全無關心。母親只是空有母親之名，對孩子非常冷淡，甚至虐待。

孩子雖在生理上長大成人，卻依舊持續渴望母親、渴望母愛。

這就是退化需求。「親子角色逆轉」就是利用自己的孩子，來滿足退化需求。

被母親虐待，或是不被母親關心的人，若不進行自我分析以改變生存的方向性，即便長大成人，到死都會為退化需求所苦。

長大成人後，退化需求是不會被社會所接受的。而且除了不被接受，更不被理解。

周遭的人不會理解你的言行舉止，身邊的人會覺得「你是問題人物」，敬而遠之。

但是，在基本上推動人類進步的，正是退化需求。

就社會性來說，一個人大致是戴著大人的面具在生活。但是，本質其實是退化需求，像幼兒一樣。

因這分退化需求而出現的言行舉止，會在社會中以各種方式正當化，但其實心裡是幼兒狀態。因此總會不高興，總是受到負面情緒的折磨。

當成為父母，在家裡的負面情緒，會以「快點滿足我的幼兒期望」作為表現型式，這就是「親子角色逆轉」，是父母在向孩子要求愛。父母想確認孩子是愛自己的，因為無法確認而不高興。

以下是「親子角色逆轉」的一個例子。

童年時期，父親回家時，孩子會笑臉相迎說「歡迎回來」。若不這樣做，父親就會丟東西、暴跳如雷。

其實這應該是母親的職責——當孩子從學校回來時，笑臉相迎說「歡迎回來」。但孩子卻不得不擔起母親的職責，去面對父親。

以下是另一個例子。孩子在餐桌上，一定要看著菜餚說：「哇！看起來好好吃喔。」這意味著，他不得不說些讓母親開心的話。

「親子角色逆轉」的父母，即便孩子生病，卻還是會堅持辦完孩子的生日派對。他們想要得到孩子的感謝，孩子感謝父母，他們就會開心。

比起孩子的心情，父母更重視自己的心情。

「親子角色逆轉」的父母，將自己小時候想和雙親在一起的願望，轉變成和孩子在一起。父母對愛的渴望，轉而去攻擊孩子。

小時候很想去家族旅行，但不能去。因此，成為父母後，就帶孩子去家族旅行。因此，孩子若不高興，父母就會生氣，父母覺得「我都是為了孩子好，孩子居然不領情」。然而並不是這樣，這個家族旅行，只是為了滿足父母對愛渴望的家族旅行罷了。孩子感謝父母，感恩戴德，父母就會開心。

這樣的家族旅行，其實會傷害孩子的心。

最深刻的心靈創傷，就是卡倫・荷妮所說，基本的不安感。

這種基本的不安感，是從與父母間的關係中形成的，和長大成人後所受到的心靈創傷，基本上不同。例如在公司受到主管屈辱，是生活基礎形成後才受到的心靈創傷，與基本的不安感並不相同。

基本的不安感，是出現在與父母間形成關係、確立自我之前。與父母間的關係已經定型，心理成長後所受到的心靈創傷，不屬於此類。

所以，基本的不安感會造成什麼影響呢？

其中之一就是會影響人生的深刻程度。具體而言，直到長大成人，或是即便長大成人之後，都會持續帶來深刻的影響。影響的時間是很長的。

其次，影響程度很深。

以卡倫・荷妮的話來解釋，父母的精神官能症，會延續到孩子身上。

以我的話解釋，孩子成為解決父母精神官能症的手段。

具體的表現就是，孩子會在「親子角色逆轉」的環境中成長。孩子成為父母操縱的角色。

基本的不安感，是基本需求沒有滿足的人，所懷有的不安。

讓孩子懷有基本不安感，這種父母就是「親子角色逆轉」的父母。也就是說，父母對待孩子的出發點不是為了孩子，而是為了讓自己得到心靈寄託。

經過長年累月，這種對待成為日常。這就是精神官能症的「親子角色逆轉」。

不被理解的痛苦

很多時候，父母會藉由欺負孩子以發洩夫妻間的憎惡之情，藉由欺負孩子來維持夫妻關係。

被欺負孩子的心靈創傷，他人難以理解。

這和一般父母責備孩子的性質完全不同，深刻程度不一樣。

父母為了讓自己生存下去，欺負孩子就成為「維持心靈穩定」必須做的。因此父母會拚命欺負孩子。

若不欺負孩子，就必須直接面對夫妻間的糾葛。對這樣的父母來說，欺負孩子是強迫性的，就算不想欺負也不得不欺負。

這與來自公司主管職權騷擾的欺負程度不同。

與「親子角色逆轉」中父母欺負孩子的執拗程度相較，社會上的職權騷擾根本就是玩笑。

因此，一般人不太能理解。

很多時候，受到「親子角色逆轉」父母欺負的孩子，若一直無法看透、不了解欺負的結構，恐怕一輩子都無法重新振作。

這種孩子在無意識中所累積的憎惡與憤怒是無法想像的。

當這種孩子長大成人，可能會持續處於負面情緒狀態。例如明明什麼都沒做，一大早就開始發脾氣，不論事情好壞都一直在生氣。因為自己變成了火藥庫，不論發生什麼事都會爆發。

可以說，由於成長背景一直受到父母欺負，導致內在潛能完全沒有發展、進步，所以就如同埃里希・弗洛姆*所說的衰退症候群。也就是說，這樣的人心中所有的核心要素是自戀、戀屍癖者、戀母情結三者。

這種情況下，戀屍癖者除了對死亡有興趣，也對人類的不幸具有喜聞樂見的傾向。對母親執著就是執著於自我。

在「親子角色逆轉」背景下長大成人的孩子，內心會成為火藥庫，隨時爆發、死亡是很正常的。

即便如此，還是存活下來長成大人。這些人比一般人更有忍耐力。

一般人在半途就活不下去了，大多數會罹患憂鬱症、自律神經失調症、偏頭痛、精神官能症、甚至犯罪，總之就是無法過著社會生活。

這些人會忍耐到某段時期，勉強在社會中存活下去。因此內心會因隱藏的怒氣而處在爆發前夕。所以一早起床沒做什麼也會生氣，又或者是不明原因的情緒不好。

「親子角色逆轉」是在無意識世界中發生的。

做出「親子角色逆轉」的父母，表面上說「為了孩子好」，但實際上卻是霸凌者，是在欺負孩子。憎惡戴著愛的面具登場，將欺負合理化為教養。

這樣的父母意識不到自己的問題，更不可能直接面對自己存在心底深處的傷口。

「親子角色逆轉」的父母，是披著「愛的面具」的施虐者。所以被欺負的孩子只能想著「我是被愛的」、「父母都是為我好」。

在雙親表現憎惡的同時，孩子只能相信「我是被父母所愛的」。

這樣的相信，完全毀壞了孩子的溝通能力。之所以會喪失溝通能力，是因為被強逼相信非現實的事物為現實。

因為理解能力受到扭曲，溝通能力也跟著受破壞。

這種孩子即便長大成人，之後的人生也無法過得幸福。

「都沒人理解我」若有人說出這種話，或許是因為在「親子角色逆轉」中，徹底被父母欺負的關係。

真正能在心理上自立的人，即便碰到「沒有人理解我的心情」的情況，也不會被擾亂

---

*埃里希・弗洛姆（Erich Fromm），一九〇〇～一九八〇年，美國精神分析學家。

心緒，不會憎恨別人。

即便覺得「沒有人了解我的痛苦」，卻仍能以平常心生活，這樣的人，才是真正能自立的人。

這也許是一種覺悟，一般人是做不到的。

若有依賴心，一般多半會想著「沒有人了解我的痛苦」而心懷憎恨。

感受不到被愛

父母會把孩子一起拖下水，藉此解決自己內心的糾結。誠如先前所說，「親子角色逆轉」的父母絕對不會正視自己內心的糾結與傷口。因為比起正視已經存在多年的糾結，欺負孩子要來得輕鬆許多。

在「親子角色逆轉」中，孩子對自己所抱持的形象是「我是不被愛的人」。

具有這樣的自我印象，就會對他人的拒絕、忽視很敏感。即便沒有被忽視，也會覺得被忽視。即便沒有被拒絕，也會覺得被拒絕。長大成人後，即便為人所愛，也覺得不被愛。別人提醒他的時候，他不會認為提醒是「事項」，而會覺得自己的人格被否定。

若以這樣的感受方式為基礎，就會罹患以憂鬱症為首的各式各樣心理疾病。

因此，像是從小就受到老師過分的汙辱、長大成人後被眾人輕視、被排擠等這類程度的心靈創傷，與「親子角色逆轉」所帶來的傷痛相比，傷痛的深度與廣度是完全不同的。

就這兩點來看，在「親子角色逆轉」環境下成長，他們心靈創傷，與其他心靈創傷完全不同。

懷有這分基本不安感的人，同時也在心底堆積有非常強烈的敵意。他們在無意識中，具有非常長久的猛烈敵意。

理所當然的，他們的特徵就是內心脆弱。而內心脆弱的人容易受傷，因此容易抱持敵意。

此外，他們因為自己容易受傷，特別具有防衛心，也容易對別人產生敵意。

無論如何，若基本不安感為其根柢，每一天，心中都會不斷累積新的敵意。這分經年累月堆積而成的大量敵意在釋出時，會大叫：「活著好痛苦！」「痛苦」的呼喊，是憤怒以及怨恨的間接表現。

直接的表現則是「我要殺了他」。

之所以會被怨恨之情囚禁至此，都是因為從小就在「親子角色逆轉」環境中生長。在不斷忍耐又忍耐中，無法控制的怨恨之情便累積在了心底。

基本的不安感，是父母為了解決自己心中的糾結而緊黏孩子所產生的。為了解決父母心中的糾葛，緊黏孩子的方式有各式各樣，而最典型的黏著案例，就是「親子角色逆轉」。

基本不安感最大的問題，就是無法信任人。

長大成人後，不論是友情還是愛情，都無法相信對方的愛。

這是精神官能症會強烈索求愛所造成的問題。

若對方不持續私語著「我愛你、好喜歡你」，就會感到不安、無法忍受。

即便前一天對方說了「喜歡」，隔日也會感到不安。隔天若對方沒有再說一次「喜歡」，就會不安。後天也想聽對到方說「喜歡」。

若精神官能症變嚴重，只要對方沒有每天每天都說「好喜歡」，就會湧現憤怒。

問題在於，這分從小就有的疏離感、無力感、孤立感等，即便成為大人，也不容易消失。

長大成人後，即便有了親密的對象，在心底還是沒有「我們」這樣的歸屬意識。

卡倫・荷妮說，這分基本的不安感會成為自己真實情感與他人關係建立時的阻礙。

「若沒有在理想的環境中成長，人會將『共同歸屬感』取而代之，變成懷有基本不安感。」（註7）

這就是在無意識的世界中，自己彷彿孤身一人，和誰都沒有連結的感覺。

卡倫・荷妮說，基本的不安感會成為自我自發性的感情與他人連結時的阻礙。（註8）

正如此說，更誇張點甚至可以說，在「親子角色逆轉」中成長的孩子，所受到的教養無法形成自發性的情感。

基本的不安感不僅是個人心中的問題，也會對如何與他人接觸、互動產生影響。懷有嚴重基本不安感的人，即便身邊有著愛他的人，仍感受不到「被愛」。

卡倫・荷妮也說，這種人會感覺周圍的世界是與自己敵對的。（註9）

在這敵對的世界中，會感覺到自己是孤立、無力的。這就是基本的不安感。

這也和卡倫・荷妮說的一樣，重要的是，在「親子角色逆轉」的情況中，這是在無意識的世界中進行的。

在「親子角色逆轉」環境中成長的人，沒有意識到這點。也就是說，就像之前我所指出過的，父母有意識到是愛著孩子的，而孩子也有意識到自己是被愛的。

在「親子角色逆轉」中親子雙方都有問題。心都同樣病了。在無意識中，彼此互相討厭，但在意識層面又以愛的羈絆連結著。

在「親子角色逆轉」環境中成長的人，必須提醒自己要有「意識」。覺得自己情緒好像很奇怪的時候，就是提醒自己「要注意！」的警訊。

為什麼會這樣煩躁不安呢？為什麼會這樣生氣呢？為什麼和人在一起時感覺很不舒服呢？為什麼覺得活著很辛苦呢？為什麼總是感到焦慮呢？有這些感受，就是要你正視「無意識」的警訊。

道德騷擾

精神官能症傾向強烈的人，會追求「只有自己才能做到的特別簡易法」。那是因為，自己在這充滿敵意的世界中感受到孤立與無力感。

小時候成長的環境是否理想，會依周圍人們對自己的態度、要求來決定。父母對孩子的態度，取決於父母心理的穩定性。（註10）

具有基本不安感的人，於生長過程中，身邊的人心中都懷有糾葛。

該典型就是「親子角色逆轉」。

在這種情況下，除了真實的自己不被接受，也會飽受來自周圍的不當要求而成長。

這就像是從小就生長在戰場上。

經常都有飛彈從頭頂飛過。飛彈就是周圍人們的態度、要求。

卡倫・荷妮所說基本的不安感，指的是「就算發生了什麼事，也不會有人守護自己」這種感受。

雖然是再三強調，但大家應該要注意到，這樣的感受方式也是無意識的。

亦即，對所有人來說，人生都是充滿困難的，在每天的生活中，都會覺得「沒人守護自己」，在無意識中持續痛苦著卻沒有意識到。

具有基本不安感的人會把事態反過來想。也就是說，他們會在意識層面覺得「我是被愛的」。這種意識與無意識的背離，會造成很嚴重的後果。

而「無法信任人」這點，將會發展出各形各色的嚴重問題。

具有基本的信賴關係，人才會開始自立。

因為在心中有可以信任的人，人才能自立。因為能相信父母，孩子才能自主獨立。

正因為與父母間有信賴關係，孩子才能自立。

若不信賴在這世上碰到的的第一個人——父母，將難以自立。

懷有戀母情結而無法與他人構築信賴關係的人，只能背負著「無力與依賴」的宿命過一生。

基本需求沒被滿足就會造成精神官能症。

基本需求，要用為人父母者所懷有的愛來滿足。

若兒童時這分基本需求沒被滿足，就長大成人、成為父母，接下來自己也會做出「親子角色逆轉」。

「親子角色逆轉」是精神官能症的嚴重症狀。

精神官能症無法和他人有心靈上的連結。

精神官能症與人之間會成為依賴的敵對關係，與他人無法在心靈上有坦率的連結。最典型的就是家暴。

兒子在暴力的背後向父母索求愛。

「親子角色逆轉」也是同樣的。父母在欺負孩子的背後，其實是在向孩子索討愛。父母一邊向孩子索求愛，一邊對孩子懷抱憎惡。

這即是所謂道德騷擾的心理，是通過道德的欺壓。

「親子角色逆轉」的父母，母親沒有實際體驗過「母性」。到死都一直在為索求「母性」所苦。

而且他們會向孩子索求「母性」。若無法直接表現出來，他們就會向孩子提出不切實際的要求。

孩子若無法實現自己的要求，父母就會覺得是孩子的錯而爆怒。

若孩子無法滿足父母心中所有的「索求母性的需求」，父母就會生氣，會責備孩子。

第 3 章

不得不成為大人的孩子

退化的需求

「親子角色逆轉」是精神官能症的一個症狀，我們可以把此症狀特徵的核心想成是退化需求。

被動的人在日常生活中經常覺得不滿。因為他們對他人有很強的期望，像是「希望能幫我做這件事」「希望能幫我做那件事」。

但是，在現實中長大成人後，這種被動形式的願望並沒有實現。

「親子角色逆轉」的父母，當然是被動型，所以會對孩子懷抱不滿。若不是被動型，就不會有「希望孩子愛自己」的願望。

最簡單的例子就是，父母強迫式的溫柔。

父母自己為了「扮演好雙親」，背後卻隱藏著要求孩子感謝。

從孩子的角度來看，那根本不是溫柔，而是欺侮。

據說真正的愛是間接表示的。

一定要很瞭解對方，才能間接表現出愛。若是直接表現愛，不用瞭解對方也可以。表現出直接、特別、過多的愛時，有很多時候都是錯誤的愛。其實正是因為「有所欠缺」，才要特別強調與表現出「愛」，不是嗎？

在日常生活中，以微小舉動而自然表現出來的，才是真正的愛。

至於究竟是匱乏性動機還是成長動機*，「親子角色逆轉」就是父母在匱乏性動機下

*心理學家馬斯洛提出「動機階層論」，將人類的動機分為「匱乏動機」和「成長動機」。匱乏動機（deficiency motive），是由餓、渴等基本需要的缺乏而產生，一旦能夠獲得，匱乏需要就能得到滿足。成長動機（growth motive）是被高級需要所驅使的動機，個體試圖超越自己過去的成就，在這種動機的驅使下，人們願意承受不確定性、緊張乃至痛苦，以使自身的潛能得以實現。

養育孩子。「為了做給人看」的行動動機就是匱乏性動機。

父母因匱乏性動機來養育孩子時，孩子就會懷抱有基本的不安感。

匱乏性動機是退化動機。

關於成長動機以及退化動機這兩者，以退化動機來養育孩子，對父母來說會很辛苦。以成長動機，也就是愛的動機來養育孩子，則是很有價值的。

以退化動機來行動的人，和大家一起吃飯時會很痛苦，因為渴望人們的稱讚和認同。

以成長動機來行動的大人，因為想和大家溝通而和大家一起吃飯，所以和大家一起吃飯時很開心。

渴求被愛的人，以及有愛的人，這兩種人即便只是和大家一起，滿足度也不同。即便進行同樣的戀愛，滿足度也不同。

以退化動機而活的人，日常生活很會辛苦。因為他們總會希望「有人幫他們做些什麼」。

以退化動機來行動的人，若自己的行動被妨礙了，就會深深受傷。孩子以退化動機做些什麼時，心理上健康的父母會誇大地讚譽他們。

孩子會期待著這樣的讚譽而行動，然而若是沒有獲得讚譽，孩子就會深深受傷。

即便是同樣的世界，也會因成長動機或退化動機的不同，看起來就會不一樣。

父母以成長動機來照顧孩子，還是以退化動機來照顧孩子，養育孩子的辛勞也全然不同。

親子關係原本就是與時俱變的。

孩子小時候雖會說：「想一直和爸爸媽媽在一起」但他也會自我覺醒，進入反抗期。過了這段暴風般的時期後，親子會構築新的關係。

但是，孩子會有戀人、會結婚、成立新家庭，此時又會出現大變化。

長大以後，孩子說「我家」，已是不同的家，即便此前他都和父母住在同一個家中。

「親子角色逆轉」中最大的問題是，不會出現像這樣親子關係的自然變化。

孩子被父母所寵愛，所以孩子才會生出自我、成長。孩子成長後，親子關係就會變化。

但是，因為父母反過來向孩子撒嬌，孩子就不會自我成長，父母也不會自我成長。在心理上還是孩子，即便在肉體上長大成人、結了婚，仍是兒童的心理，一點都不會變。

孩子的社會立場雖會隨時間改變，但心卻沒變。

心之所以沒變，正意味著孩子一直被退化症候群所束縛。

即便長大成人，也不會從戀屍癖者變成熱愛生命的人。

退化症候群用弗羅姆的話來說，就是由自戀、戀母情結、戀屍癖三種要素所形成的症候群。

在交流分析中，失敗者會操弄對方，使對方接近自己期待，以取代與他人擁有親密關係。此外，為了接近對方的期待，將會用盡自己的能量。

如果依照前述，「親子角色逆轉」的父母，就是人生的失敗者。他們會操作孩子，讓孩子接近自己的期待。

謝布里說：「如果做自己不可能，還不如變成惡魔。」「親子角色逆轉」的父母不允許孩子做自己。

所謂的「親子角色逆轉」是父母向孩子撒嬌，本來，孩子向父母撒嬌才是自然的，但情況卻逆轉了。

「親子角色逆轉」是孩子受到父母不好影響中最嚴重的。最為妨礙孩子心理成長的，就是這個「親子角色逆轉」。

孩子守護父母。孩子必需要讓父母開心，所以不是父母「守護孩子」，而是孩子「守護父母」。

最直接受到「親子角色逆轉」影響的孩子，在心理上無法成長。

除非能夠有祖父母等人以良好的教養來彌補，或其他特殊狀況，否則受到「親子角色逆轉」不良影響的孩子，是不可能在心理上有成長的。

父母的玩偶

「親子角色逆轉」時，父母會對孩子做自己在兒童時期想做的事。

比如，父母會將自己在兒童時期想做的家族旅行，和自己的孩子一起做。想進行家族旅行的是父母，而非孩子。旅行中父母也在向孩子撒嬌。旅行中若孩子不說：「哇！好厲害！」而大為欣喜，父母就會不高興。

父母會將自己兒童時期想做的事，讓孩子無條件去做，強迫孩子去做，強迫孩子開心。

父母會因撒嬌的需求獲得滿足而大為心滿意足。但是孩子會對父母在無意識中過度的需求有反應，所以別說滿足，就只有厭惡感而已。

可是因為一定要讓父母開心，所以只能勉強裝出很開心的樣子。

以下的情況也是「親子角色逆轉」。

母親想著要買許多東西給孩子，但孩子並不滿足。結果母親就說：「我都買了這麼多給你了，你還想要其他的？」然而，母親沒有買給孩子真正想要的，母親只是買了自己想要的給孩子。

其實在撒嬌的，是買東西給孩子的母親，但母親卻沒察覺到。

有一位母親經常會帶孩子去踢足球。

母親說：「因為孩子很開心。」所以為了踢足球，她會幫孩子請假不去上學。

平常孩子說：「我肚子好痛，想跟學校請假。」她都不會有好臉色。孩子若請假不去學校，母親就會不高興。

但家人們一同去踢足球時，她就可以若無其事地幫孩子向學校請假。

這位母親在孩子與自己的需求一致時，對孩子的需求就會變敏感。正好合於母親心情時，她就會若無其事地讓孩子請假不去上學。

其實是母親想跟孩子一起去踢足球。母親說，這是親子時間。

但是，追求親子時間的不是孩子，而是有強烈「愛的飢渴感」的母親。

這就是「親子角色逆轉」。

也就是說，母親利用了在經濟、肉體、心理上都無法獨立的孩子，來療癒自己「童年的心靈創傷」。

孩子成為母親的玩偶。

這樣的孩子即便長大成人，依舊是對恫嚇、威脅無招架之力的孩子。

這位母親自小就渴求親子時間。很想和家人一起去看足球賽，但卻沒能實現。

母親把自己想做的事，說成是「為了孩子」。母親並沒有注意到這是一種欺瞞。

這是母親在向孩子撒嬌。

「親子角色逆轉」的極致發生於孩子扮演「吉祥物」的角色。

孩子在成長過程中接觸到吉祥物玩偶時，他們會說「討厭！」而將玩偶丟向牆壁。又或者是更殘酷地叫著說：「我要剖開它的肚子！」

而最重要的是，這個玩偶的好處就在於，即便丟擲它，它也不會咬自己。

這如果是狗就不行了。因為狗可能會咬人。若同樣是人，或許更可能會反擊。

羅洛・梅*曾說：「玩偶不會對人做出任何要求。孩子可以將自己的願望或任何東西投射在玩偶上，而且孩子會超越自己的成熟度，回應對方的要求，卻不會非要獲得共鳴不可。」（註11）

父母的不滿不僅限於此。例如「親子角色逆轉」的父母會因沒有自我實現而不滿。而因為這分不滿，就會對孩子提出形形色色的要求。

但父母的要求很不合理，所以孩子不會照父母所想的去行動。

結果父母就會將長久以來的各種不滿，一併發洩到孩子身上。

人無法面對心中的糾葛時，會透過人際關係表現出來。

每個人都懷有某些心靈問題。為了解決自己內心的問題，就會與他人有所牽扯。

---

*羅洛・梅（Rollo May），一九〇九～一九九四年，美國存在主義心理學家。

若一個人心中的糾葛是戀愛，就會透過戀愛關係表現出來。若結了婚，就會透過夫妻關係表現出來。

若有了孩子，就會透過親子關係表現出來。

對施虐者來說，再沒有比像親子關係一樣，可以這麼方便用來隱藏真實的關係。發生「親子角色逆轉」時，孩子彷彿是被隱性虐待狂所養育，所以不會有人注意到孩子遭受到了攻擊。

這是來自於美德的虐待，是戴著愛情面具的虐待，雙方都沒有察覺到真相。

在日常生活中的施虐，就是所謂的道德騷擾。

問題是，進行道德騷擾的人，並沒有意識到這件事。沒有意識到自己拒絕了對方、把對方逼到了窘境。欺負人不過是無意識的。

一邊表現出好人的臉孔，一邊逼使對方懷有罪惡感。道德騷擾是精巧的欺負，是虐待。

總之進行道德騷擾的人就是會操弄對方，使對方陷入地獄，卻覺得自己是好人。

這就是道德騷擾的加害者。

「親子角色逆轉」的父母經常都在進行道德騷擾。這比職權騷擾更嚴重，而且是完全被隱蔽起來的。被職權騷擾欺負的人會察覺到自己被欺負了。但在「親子角色逆轉」中，被欺負的一方完全沒有察覺到自己被欺負。

「親子角色逆轉」的父母，和家族外的其他人都沒有心靈上的連結。這會藉由與孩子間的關係表現出來。也就是說會以對孩子施虐的形式表現出來。

精神官能症患者與人沒有連結，這樣的情況會藉由與其親近的人的關係表現出來。（註12）

戀母情結

父母不要跟孩子抱怨自己有多麼辛勞。此外，父母也不應該跟孩子自我炫耀。養育孩子，重要的是聽孩子說話以及和孩子說話。

有時孩子會不得不對父母的自我炫耀說：「好厲害！」那就是「親子角色逆轉」，是父母在向孩子撒嬌。

孩子不可以擔任傾聽的角色。但是在「親子角色逆轉」中，孩子卻成為傾聽的角色。孩子在守護父母。誠如先前所寫到的，不是父母在「守護孩子」，而是孩子在「守護父母」。

出現「親子角色逆轉」，孩子即使長大，也不會停止自戀。一般父母會傾聽孩子、鼓勵孩子，所以孩子的自戀能獲得滿足並消失。但在「親子角色逆轉」環境中成長的孩子，不會有這種機會。這類人即便到了五十歲、八十歲都一樣是自戀者。

夜晚做惡夢。邁步走時只在原地踏步。

和人說話時，雖然不是很懂，卻非常在意周圍人們的反應。光只是待在當場就覺得很痛苦。

父母在吃晚餐時總會不斷翻桌、丟筷子。

小學時，總會和父親一起貶低、嘲笑他人。孩子認為：「父親在這種時候是幸福的。」

以上是一個在「親子角色逆轉」環境中成長的孩子告訴過我的話。

這個孩子自小就在「守護父親」，而不是被守護。

所謂的「親子角色逆轉」，是父母處在對孩子有戀母情結的狀態中。

「對孩子有戀母情結」雖是矛盾的表現，但事實就是如此。

亦即情況會如下。

佛洛姆曾提過，一位男性病患處於戀母情結病理性的第二階段，這位病患很討厭主張自我的女性。

「那種執著讓他需要幾乎沒有任何要求的女性，也就是可以無條件依賴的人。」（註13）

與此相同，進行「親子角色逆轉」的父母，討厭主張自我的孩子。他們討厭有自我意見的孩子，需要可以無條件依賴的孩子。

在情緒上未成熟而有強烈戀母情結的男性，會在女性身上渴求「母親」，成為戀母情結的心理狀態。

這也同於「親子角色逆轉」的心理。本來該向母親乞求的事，轉而向孩子乞求。而實際上，這比真正有著戀母情結的男性更惡劣。

「親子角色逆轉」的男性，即便想向女性乞求也不可得，亦即因為沒有那樣的女性，最後變成轉而渴求自己的孩子，要求孩子變成擁有母愛的母親。

這些大人有個特徵是：男性可能會不把女性放在眼裡，女性則是不把所有男性放在眼裡，這些大人都會在親子關係中渴求孩子成為自己的母親。

然而可怕的是，他們甚至會更進一步發展成第三階段——近親性交。

這個病理性徵兆是「自我想像、自我崇拜，不把孩子視為獨立人格，而是自己可任意占有的財產。」（註14）

「經常會和民族性、宗教性、國家性的戀母情結這類束縛連接在一起。」（註15）

其實這就是讓現今世界混亂不堪的恐怖份子。

戴著正義的面具登場、大喊著「神很偉大」的恐怖份子，他們的心理，正是戀母情結的心理。

關於恐怖份子的心理，我在我的著作《「正義」與「憎恨」的構造》（『「正義」と「増しみ」の構造』ＰＨＰ研究所）中曾寫到，在此不夠篇幅說明，所以割愛，但此處想指出的是，「親子角色逆轉」的心理與恐怖分子的心理是有共通性的。

也就是說，現今世界混亂本質的主要因素，不是政治、經濟性因素，而在於更深層的人類心理問題。

「別人本身也有需求或意見這類單純的事、別人也會有批判性眼光這類單純的事、精神官能症患者也會對別人有期待這類單純的事，這些對精神官能症患者來說，都會令他們

感受到如劇毒般的屈辱，並燃起怒火。」（註16）

「親子角色逆轉」的父母，若孩子對父母有些什麼期待，那將會變成難以原諒的事。孩子也是人，自然會有自己的願望與意見，但這麼單純的事情，對「親子角色逆轉」的父母來說會感受到屈辱，並對孩子湧現憤怒。

就像戀母情結的男性會渴求無條件稱讚、照顧自己的女性，「親子角色逆轉」的父母會渴求孩子照顧自己，渴求孩子無條件稱讚自己。這就是戀母情結的第一、第二階段。

在親子關係中，若無法把孩子當成一個「個體」來看待，不能理解孩子也有自己的願望與意見，親子關係就不會順利。

「親子角色逆轉」的父母，會以「那太不像話了！不可以！」這類憤怒的態度來對待「具有自己願望與意見的孩子」，企圖控制孩子，親子間當然無法建立良好的關係。

對「親子角色逆轉」的父母來說，他們無法認知，孩子就跟自己一樣是獨立的個體，且會對他人抱有期望。

我在美國特產店買到的信紙上寫有如下的文字。那是首詩，寫出了孩子對父母親的期望。

「無論如何，請信賴並尊重我，即便我比您小。我也和您一樣有情感、有需求。」

馬斯洛說，一般而言，只要是有感受到安全感的孩子，都能健全的成長。若沒被滿足，就會持續在背地裡要求獲得滿足。沒被滿足的匱乏需求，是導致執著以及退化的力量。

最後，將會停在戀母情結的心理狀態中。

也就是如佛洛姆所言，「渴求無止盡稱讚自己的女性」。

他們「需要勸慰、愛、稱讚自己的女性，需要如母親般保護、養育、照顧自己的女性。」（註18）

佛洛姆說，若沒有獲得這分愛，「他們就容易陷入輕微不安以及憂鬱狀態」。（註19）

出現「親子角色逆轉」時，父母會黏著孩子。在「親子角色逆轉」的情況中，會出現「戀子情結」而非戀母情結。

父母需要孩子順從他們，渴求、強迫孩子順從。

若不順從身為父母的自己，他們會憎惡孩子到想殺了孩子的地步。

戀母情結的男性會渴求照顧自己的女性。出現「親子角色逆轉」而有「戀子情結」的父母，會在無意識中渴求孩子勸慰自己。若求不得，就會憎惡孩子到想殺了他們的地步。

就像戀母情結的男性討厭女性提出自我主張，「親子角色逆轉」的父母也討厭孩子提出自我主張。

誠如佛洛姆所說，戀母情結的男性會渴求能無條件依賴的女性，以及同時有意識性地背負起責任、自由等負擔的女性。

同樣的，「親子角色逆轉」的父母會向很小的孩子渴求，希望孩子是可以無條件依賴的對象。也就是說，他們會要求孩子背負父母自己的人生重擔。

依賴孩子

還有一個更嚴重的問題。

精神官能症型患者對愛的渴望，因心懷敵意，所以無法坦率要求愛。

我們以「親子角色逆轉」為例子來看看。

父母在無意識中向某個孩子渴求愛。但是，若這個孩子和其他孩子在一起，父母會欺負這個孩子，於是只有這個孩子被疏離、排擠。

那是因為父母希望那名孩子能更加關注自己，卻無法坦率對孩子說：「我希望你愛我。」所以就藉由欺負這個孩子，好讓孩子更關注自己。

這就像孩子希望引起父母關注而做壞事的情況。對孩子來說，比起被父母忽視，被父母責罵還好些。因此孩子會做壞事。

「親子角色逆轉」的問題是，父母無法坦率地向孩子撒嬌。

父母向孩子撒嬌且抱持攻擊性，卻將對孩子的敵意合理化為教養。

這就是「親子角色逆轉」的問題點。所謂的「親子角色逆轉」並不單純指父母向孩子撒嬌。

孩子向父母撒嬌時，很多時候都能很坦率的撒嬌。「親子角色逆轉」的父母向孩子「撒嬌」時，心中隱藏有憎惡。

孩子向父母渴求愛的結果是對父母懷有攻擊性，這種情況比較容易理解，但是父母對孩子做出這種事卻令人費解。

然而在心理上其實是一樣的。總之，父母會希望自己所依賴的孩子是向著自己的。就像自己所期待著的，希望能關注自己。

但是同時，父母又對孩子有敵意。那是因為對孩子有依賴心。父母對孩子有著「希望幫我做這個、希望幫我做那個」的要求。若無法滿足這樣的要求，就會對孩子懷有不滿、抱持敵意。這就是依賴性敵意。

孩子對父母有依賴性敵意還容易理解。但是在「親子角色逆轉」中，同樣的情況卻會發生在父母身上。

父母對依賴著的孩子懷抱敵意。

而「親子角色逆轉」時，父母這樣對愛的渴求就是雙重束縛。

一方面對孩子索求愛，另一方面又對孩子懷抱敵意。這就像一邊打狗，一邊又說自己很愛狗一樣。

「親子角色逆轉」的父母，即便姐姐像羔羊，弟弟像狼，父母也不會信賴迎合自己的姐姐，卻會信賴欺負人的弟弟。

年歲增長後，若要說父母會依賴誰，反而是會欺負人的弟弟。

而更要注意的是，隨著年歲的增長，孩子孝順父母的方式也不同。

假設孩子四十五歲，而父母七十歲了。普通情況是會認為孩子照顧父母很理所當然。但是「親子角色逆轉」中，不論是四十五歲還是七十歲，父母還是會向孩子撒嬌。

「親子角色逆轉」中的雙親本來就是從小時候起，沒有一一解決該當時期的心理課題而活到現在。心理上未獲解決的問題堆積如山。

即便到了七十歲、八十歲也一樣，不，正因為變得高齡而更加頑固、孤獨，對孩子的撒嬌、憎惡、黏膩就更激烈。

高齡的雙親一邊欺負孩子，一邊又把孩子當同伴般緊緊鎖在身邊。若不順利就會心懷偏見、鬧脾氣、不高興。孩子根本拿他們沒辦法。父母除了不滿還有不安。

「親子角色逆轉」的父母討厭對自己來說是必要的東西。

孩子想獨占母親。這點所有人都能理解。同樣的心理也會發生在「親子角色逆轉」的父母身上。

父母會黏著孩子，想獨占孩子。

結果，孩子會感覺到，對父母以外的人親切就像是背叛父母一般。

孩子被強迫變成不是自己的自己。孩子放棄自己。整個世界都成為自己的敵人。

被鬧脾氣的父母給緊緊纏住。因著這樣的「親子角色逆轉」，孩子的心中會築起又高又厚的牆壁。

結果就是，孩子無法與他人變親密。無法與他人進行真實的情感交流。

父母獨占並束縛了孩子。被束縛的孩子面對周圍的世界，會打造出堅固的避難所。那是心靈的牆壁。要破壞這堅固的避難所是很困難的。

而親子雙方的心靈運作都是無意識的。這樣的關係是被隱藏起來的，所以身邊的人看起來，還以為他們是關係良好的親子。

無法確立自我

「親子角色逆轉」的父母，父母本身已逃避人生的諸多問題，當然沒有好好確立自我。自己的人生成為做給其他人看的人生。

父母沒有努力實現自我，而是花費所有精力讓自己看起來好像很了不起。

即便如此，並不能獲得別人的尊敬。

父母以「獲得旁人稱讚」為目的而活到現在，完全犧牲掉自己的自我實現。家庭也是為獲得「他人稱讚」的手段。是為了被人說是「好棒的家庭」、「你們家感情真好」。

因此「過多虛偽的愛」會讓家人窒息，有很多孩子都被逼到了罹患精神官能症的窘境。

「追求完美背後的動機，蘊含世人的眼光。」這是赫伯特・弗洛登伯格*書裡的話。父母會為了讓自己以及自家人帶給世人完美的印象而拚死努力。結果造成虛構的家族。「完全虛構的世界」也同樣是弗洛登伯格所說。

但是，這種披著完美家族表象的虛構家族，就社會上看來卻是正常的家族。只不過，就算社會上看來正常，其實內裡腐朽不堪，家族成員不存在互相鼓勵、幫助的情形。

能夠產生「鼓勵、稱讚、體貼」這些行為的人，正是因為解決了自己心中的糾結。如果不是這樣，鼓勵就會變成「威脅」，稱讚成為「慫恿」，體貼成為「束縛」。關於在「親子角色逆轉」情況下的育兒，經常都會在其中藏有真實的動機。這種情況下，孩子常會無意識地感覺到壓力。

父母總是戴著面具。孩子也總是戴著面具。

父母的不安、對愛的渴望、無力感、社會自卑感等，這些真相都戴著愛的面具，而承受這些攻擊的孩子，會表現成「順從但不坦率的孩子」。

出現「親子角色逆轉」時，將會打造出「成功很無聊，只有家族的愛才有價值」這種窒息般價值觀的家庭。

其實很想出人頭地，但現實是自己無法出人頭地，卻無法承認這點。因此就會提出家庭或愛來作為防禦性價值。「親子角色逆轉」的父母，其實根本不相信家族或愛。

在以愛為名的背後，他們做了什麼？

例如占有欲強的父母，憎惡以及恐怖就會戴著愛的面具登場。

像這類父母，不會將自己的能力用在自我實現上，卻會為了解決自己心中的糾結而利用孩子。會強迫孩子順從，巧妙地操縱孩子。

我曾在范丹伯*的著書《不可靠的母愛》（Dubious maternal affection）中讀過一句話：

---

*赫伯特・弗洛登伯格（Herbert Freudenberger），一九二六～一九九九年，美國精神科醫師。

*范丹伯（J. H. van den Berg），一九二六～一九九九年，荷蘭精神醫學家。

「對孩子來說，比起過多虛偽的愛，不足的真愛還比較容易忍受。」

父母迴避正視自己的心靈問題，卻將孩子捲入其中，摧毀孩子的價值觀，把孩子在心理上搞得很扭曲。

心中有糾結的人，會想要操縱他人。而最容易操縱的就是孩子。

「羅馬皇帝凱撒強迫所有人同意自己是神，是最強大、最賢明的人。」（註19）

自戀的父母即便在現實中是無能的父親，仍會強逼孩子認為自己是「偉大的父親」。簡直就是巧妙地操縱孩子，讓孩子認為自己是「偉大的父親」。

自戀者「會企圖在某種程度上，將現實變形，變得與自戀的自我形象一致。」（註20）

依賴與敵意

依賴性的本質包含支配性。結果造成依賴性強的人，與人們的關係將會成為敵對性的。因為他們會想要支配別人，但別人卻不會如自己所想。因此會產生所謂的敵對性依賴關係。

「親子角色逆轉」的父母，和幼兒具有同樣強度的依賴心。同樣地，在父母心中所有的戀母情結也包含有各式各樣的要求。但是，這份願望卻無法被實現。結果就會產生激烈的憤怒。

所謂的依賴性強，就是只想著「要別人幫自己做」，所以在現實的人際關係中，無法達到這個願望，就會產生憤怒。

他們沒有「自己要做什麼」的自覺。只想著「要別人幫我做」。沒有「這是自己應該做的」這種感覺。

我們經常會提到「依賴與支配」關係。這是對愛有強烈飢渴感的特徵。對愛有強烈飢渴感的人會希望人們照自己所想行動，若他人沒有照自己想的行動，就會受傷。

「依賴與敵意」的關係也一樣，是太過渴望愛的症狀。依賴別人，所以希望別人照自己所想的行動。但是，別人不會照自己想的行動，所以自己就會受傷並對別人懷抱敵意。

幫助自己的就是能依賴的人，若是無法獲得幫助就會受傷而產生怒氣。這種人就算戀愛也會馬上陷入瓶頸。這是因為對愛的渴望變成「依賴與敵意」，對依賴的戀人懷抱敵意。

依賴他人而嚐到甜頭，會得寸進尺，生出更多要求。要求越來越多，那麼無法實現而受傷的機會也會變多。

做出「親子角色逆轉」的父母在所有人際關係上都是失敗的。而他們會在親子關係中，一併解決這種飢渴感所懷有的矛盾。而且對孩子的要求也一定都很矛盾。

做出「親子角色逆轉」的父母會一邊對孩子發怒，一邊又對孩子渴求愛。

這分矛盾是精神官能症傾向強烈的人會有的一般性特徵。

一旦接近對方、懷抱親密感，不知為何就會生出敵對心。雖想擺脫敵對心，不知為何又湧起了想靠近的心情。

例如繭居族。雖然討厭家人，但沒有家人就無法生存下去，所以會窩在家裡。繭居是種精神官能症，是矛盾的。

雖然討厭家人，卻無法離開家人。

想照顧人，一旦照顧了又討厭。

討厭干涉，但不被干涉又覺得寂寞。

「親子角色逆轉」的父母，假如孩子不照他們所想的行動，父母就會暴怒，對孩子懷抱敵意。

父母不只討厭孩子，還討厭所有人。折磨別人就像是一種「心靈療癒」，對人類抱持憎惡。這是因為到形成「親子角色逆轉」時期之前，所有人際關係都失敗了。直到那時都沒解決的心理上的憎惡，將完全帶入與孩子間的關係。

總之就是想黏著孩子。

「親子角色逆轉」的父母，會無意識地對孩子不順利的人生感到欣喜。雖然在表面上會說孩子很辛苦，但無意識中卻很欣喜。

「親子角色逆轉」的父母，會虐待依附的對象。會對依附的對象懷抱憤怒。

本來是孩子要依賴父母，想按照自己所想的來支配一切。

但在「親子角色逆轉」的情況中，卻反過來是父母依賴孩子、依附孩子、想按自己的想法來支配孩子。若是進行得不順利，父母就會對孩子懷抱憤怒。

「親子角色逆轉」的父母，面對孩子時是狼，面對他人時是羔羊。對待孩子是利己主義，對待他人則是非利己主義。

「親子角色逆轉」的父母，有時之所以會被說成是「寵愛孩子的父母」就是這個原因。

有一位丈夫會對妻子施暴，也就是人們說的家庭暴力（domestic violence）。但當妻子逃避、丈夫無法對妻子施暴時，就會轉而對孩子施暴。此時的暴力會比對妻子施暴時更嚴重。

卡倫・荷妮說，精神官能症患者是居住在兩個世界中的。一個是私我（private self）的世界，另一個是公我（public self）的世界（註21）。

公我世界是外面。私我生活是「親子角色逆轉，是內面。」

真實的自我

若有人在小時候，真實的自我被對自己而言重要的人否定，這個人也會否定真實的自己。

要擁有健全的心靈，重要的是要貼近本來自我的期待，而不是滿足他人的期待。

但是在「親子角色逆轉」中成長的孩子卻放棄了自我。

在「親子角色逆轉」中成長的孩子，就社會性來說，只要不引起社會事件，看起來就是正常的。

這和「親子角色逆轉」的父母一樣，就社會性看起來是正常的。

馬斯洛使用了「完全矛盾」這個名詞，指的是社會性正常與心理性正常是矛盾的。

德國精神科醫師胡貝圖司・泰倫巴赫（Hubertus Tellenbach）也使用了病理性正常的

一詞。雖然社會性是正常的，但心卻生病了。

強迫自己做不想做的事，不能因為說沒有犯罪就什麼事都沒有。雖然社會性是完全正常的，他還是被否定了。事實上，他泯除了自我而活（註22）。

肉體上的殺人是犯罪，心理性的殺人在法律意義上並不構成犯罪。

看起來是寵愛孩子的父親，其實是虐待狂，是殺人犯。但社會卻會把這種虐待狂父親看成是寵愛孩子的理想父親。

在「親子角色逆轉」中，不論父母還是孩子，在社會上看起來都是正常的。但是，不論是父母還是孩子，在心理上都生病了。

然而一旦發生了什麼社會事件，都是孩子遭受批判。

周遭的人看不到精神官能症患者的內心，所以會說父母「不是那樣的人」。而對孩子則會說：「為什麼要那樣做？」

他們失去了什麼呢？

借用馬斯洛的話來說明，親子雙方都失去了真實的自我。雙方都同樣失去了自我肯定感。

馬斯洛說，那是真實的自己與成長的能力，是個人根本性的結構（註24）。

親子雙方都同樣活得很像自我，在社會上的表現是正常的，但雙方卻都在互相撕扯自我。

這就是發生社會事件時，媒體眾口一致所說的「在那樣關係和諧的家庭中，到底發生了什麼？」

第 4 章

教養的真相

過份寵愛

「親子角色逆轉」最大的特徵就是「隱藏」。

「親子角色逆轉」的父母，在現實中並沒有意識到自己在獲得孩子心理上安慰的同時，也處在「親子角色逆轉」的情況中。

「親子角色逆轉」的父母，儘管是自己在榨取孩子，卻反過來覺得是在給予孩子。這種「明明是奪取卻以為在給予的錯覺」愈是激烈，現實中的榨取就愈嚴重。

為了療癒自己的心，徹底嚴重打擊、榨取孩子，愈是徹底利用孩子，父母愈覺得自己懷有許多愛。

而這分錯覺，不僅父母會有，孩子也會有。亦即，孩子在受到父母不當管教與欺侮的時候，同時仍會認為自己是「被愛著的」。

雙方處在恐懼與不安的情況下生活。

最後只能選擇轉過頭不去看、逃避現實，最好的方式就是進入幻想的世界中。

人們都聽過宗教團體逃避現實的問題，但是，發生震撼社會的家庭事件時，表示家庭中也有不同程度或在本質上相同的問題。

這是與外界的誤解大大相關。因此，若發生弒親的社會案件，新聞媒體都會寫說「父母很寵愛孩子」。

這種情況，說孩子被寵壞了是假的。之所以看起來是被寵壞了，不過是父母對孩子敵意的反向作用。

因著父母對孩子敵意的反向作用，父母反而變得過份「愛」著孩子。

因為過於寵溺孩子，所以不會對孩子說「不行」，必需滿足孩子的撒嬌。藉由滿足孩子的撒嬌，孩子在心理上就能成長。

很多人都認同，照顧是最重要的，但在此卻有一個問題。

那就是西格蒙德・佛洛伊德所說的：

「患有精神官能症的父母，一般而言會有表現出過多關愛的傾向，可以確定的是，他們是最容易透過照顧而誘發孩子精神官能症氣質的父母。」（註25）約翰・鮑比介紹了佛洛伊德說過的這些話。

精神官能症患者的照顧是什麼呢？

是父母為了讓自己安心而照顧孩子。精神官能症患者的愛通常是過多的。

照顧一般來說是出自本能。心理健全的人，不會為了讓自己安心而進行照顧。

但是，精神官能症患者會藉由抱孩子來讓自己安心。

精神官能症患者在照顧孩子時，會將對方的存在視同於玩偶。

父母的愛可藉由抱孩子的方式看出。就算母親說「我喜歡這個孩子」還是會用奇怪的方式抱孩子，用很用力的、不自然的方式去抱孩子。

擁抱不是用技巧而是要用心。

佛洛伊德所說，精神官能症患者的照顧，是為了讓自己安心，因此才去照顧孩子。

「親子角色逆轉」的父母，他們照顧孩子的方式算是典型。

精神官能症患者的愛雖過多，但全都是為了讓自己安心而進行的照顧。而外界看來就像是在寵愛孩子。因此媒體有時會將精神官能症患者寫成是「父母寵愛孩子」。

父母所帶來的負面影響，不是因為精神官能症患者的照顧，也會出現寵愛孩子或對孩子嚴厲這類欠缺一致性的表現。這樣的負面影響也是很嚴重的問題。

欠缺一致性會讓孩子產生強烈的不安。（註26）

孩子無法預想，何時會從過份的寵愛，變成過份的嚴厲指責。

在欠缺寵愛或對孩子嚴厲的一致性中，看起來像是寵愛時，正是父母在藉由寵愛孩子來滿足自己對愛的渴望。

又或者是敵意的反向作用，是過多的補償。

從外界「看起來是寵愛孩子」，但很多情況是「過份虛偽的愛」。媒體在說寵愛孩子時，幾乎所有例子都是父母的敵意與過份補償的情況。

隱性虐待

在「親子角色逆轉」中，孩子就算被父母榨取、被忽視、被虐待，仍會渴求父母的愛。這就是人類的心理。

即便被父母徹底折磨、榨取，孩子還是會覺得自己的父母是「好父母」，且認為父母都是「為我好」。

在「親子角色逆轉」中成長的孩子，很多人都會把辛苦的體驗相信成是「快樂的體驗」而活。

長大成人後，回想起來盡是辛酸的童年時期，認為是「童年時期很快樂」。

孩子之所以沒有察覺到真相，是因為害怕父母認為自己不乖。

這樣的孩子會喪失真我。喪失自我肯定感。在這樣的「親子角色逆轉」中，親子雙方都會喪失成長的力量。

孩子之所以無法認為父母不好，也是因為對父母的依賴心很強。對父母的憎惡與依賴心是矛盾的，因此才壓抑住憎惡。

之所以對父母懷有恐懼感是因為依賴心強。因為害怕變成一個人，害怕被「孤立與放逐」。

有的人無法理解父母會欺負孩子這件事。

所謂的欺負，簡單來說就是父母藉由孩子來解決自己心中的糾葛。

以單純的例子來說，就是憎惡自我的外化。透過孩子感知到對自己的憎惡。

這些父母產生「親子角色逆轉」，並且從對孩子有依賴心轉變成對孩子不滿、對孩子有敵意。

「親子角色逆轉」的父母，對孩子懷有的敵意，是在對孩子懷有依賴心下必然會出現的結果。

說到「貓會將老鼠玩弄至死」，也許會有人認為貓真是殘忍的動物。

但是逗弄纖細孩子的大人，簡直就和逗弄老鼠的貓一樣，都是在做殘忍的事情。

英文也有「貓會將老鼠玩弄至死」的表現，「play cat and mouse」。

這就是虐待狂。

貓會將老鼠玩弄至死。卡倫・荷妮在「虐待性的愛」的授課中，提出了女性將男性玩弄至死的例子。

幸福的人不需要刺激與興奮。（註27）

父母會將孩子「玩弄至死」究竟是什麼情況呢？

父母為了解決自己不安全型依附這類心理問題，就會威脅孩子說要「拋棄」孩子。

「親子角色逆轉」的父母本身會向孩子撒嬌。為了不讓孩子逃離自己，就會「威脅」孩子。這就同於貓將老鼠玩弄至死一樣。也就是說，貓會將老鼠當成自己的所有物，讓老鼠處在逃不掉的狀況玩弄老鼠。

英國心理學家鮑比曾舉出一個事例：父母會將保護者的責任脫卸給孩子。

「在這類事例的情況中，所謂『過份依賴』，若說得適切點，表現出不安全型依附的

不是孩子，而是父母。」（註28）

父母會因為孩子沒有按照自己的期望去行動而生氣。

父母說要拋棄孩子的威脅，正是這些父母為了解決不安全型依附所做出的威脅。孩子心中強烈的不安「不是對父母過多愛情的反應，反而比較接近是針對相反類型的經驗反應。一般來說這點是確定的。」（註29）

以前日本曾發生過父母絞殺孩子的悲慘事件，當時某週刊雜誌寫說「因為父母太愛孩子」。

父母明明是徹底地欺負了孩子。即便是同於貓將老鼠玩弄至死，媒體卻寫成是因為父母愛孩子。在世間許多誤解中，「親子角色逆轉」可說是最普遍的誤解。

「另一方面，就像之前所進行的研究，父母威脅說要不愛孩子或拋棄孩子，其實是非常隱密且容易做出的威脅。」（註30）

當孩子引發問題，使用「過度依賴」或是「被寵壞了」來形容是很不恰當的。

誠如鮑比所說，以為是被寵壞所導致的行為，並非是因過度滿足所造成，其實是因為依附人物的有效性並不確定所產生的結果。

也就是說，孩子不是因為被寵壞，導致長大成人後變得不安定，而是父母表現出了不安定性的依附，才導致孩子長大成人後變得不安定。

孩子在心理上之所以會變得不安定，並非因為父母的愛過多，而是就孩子的角度看來，他們悲慘的童年經驗所導致。（註31）

愈積愈多的悔恨

「親子角色逆轉」的父母雖對孩子全無關心，但若孩子不照著父母所說去做，父母就會大發雷霆。那是父母的自戀情節受到挑戰，所發出的怒氣。

「親子角色逆轉」整體是解決父母心中的糾葛，是父母想要總括性解決長久以來矛盾的人生問題以及廣泛的日常生活問題。借用卡倫・荷妮的話來說，就是精神官能症性的解決方式。

「親子角色逆轉」的父母會將日常生活中各式各樣未能滿足撒嬌所帶來的憎惡丟向孩子，所以會強烈的欺負孩子。總之，對於年少時所接觸到的人際關係覺得「悔恨」。例如對配偶撒嬌卻未能獲得滿足，所以就憎惡配偶，又或是對婆婆或是包含自己在內至今所遇見的所有人，因撒嬌未能獲得滿足，就憎惡著這些人。這些負面情緒無法發洩，就會想藉由欺負孩子來抒解自己的情緒。

「親子角色逆轉」的父母，長久以來的人生都無法按照自己期望而活，所以悔恨。但是因為軟弱，所以無法在人生這個戰場透過戰鬥來洗刷這分悔恨。

他們不會想著「我就這樣活下去吧」，而是會被這分悔恨的情感牽著鼻子走，轉而欺負孩子。

這些父母也會和家中其他孩子聯合，欺負某個溫柔又容易欺負的孩子。「親子角色逆轉」的父母，會很理所當然的向被欺負得最慘的孩子撒嬌。被欺負的孩子是最可靠的，但父母卻排擠這樣的孩子。

到了這個地步，雖是「親子角色逆轉」，卻也是精神官能症型的「親子角色逆轉」。

「親子角色逆轉」的父母在心底很絕望，覺得完全束手無策。

卡倫・荷妮說明：「絕望的痛苦，會使人們變成對他人來說是有毒的人。」（註32）在美國心理學家喬治・魏堡的著作中（註33）也出現了「有毒的人」這個名詞。

這就像是不幸的人，不論是有毒的食物還是有益健康的食物，都會不加選擇地吃下。人最大的責任義務就是「讓自己幸福」。

藏在「善意虐待」與「虐待性的愛」背後的，正是絕望。

「親子角色逆轉」的父母打心底對自己感到絕望。只靠著「悔恨」這分情感而活。

若使用心理學解說所出現的專有名詞，這不是主動性，而是反應性。不是因為對人的反應而主動想那樣做。

「有自我」是主動性的。「沒自我」是反應性的。

「有自我」的人不會被他人的態度牽著鼻子走，會依自己本有的感情而活。

「沒自我」的人會被他人的態度牽著鼻子走，不會想依著自己本有的感情而活，而是被「好不甘心！」這樣的心情支配而活。

精神官能症患者的特徵是，會表現出精神官能症型的解決方式。典型的例子就是虐待狂與受虐狂。

虐待狂是自我擴張型解決，而受虐狂則是自我消滅型解決。

「親子角色逆轉」的父母，會利用「親子角色逆轉」這個方法來解決自己的精神官能症。他們不直視自己心中的糾葛、不實現自我，而是以自己生病的心靈苟延殘喘地活下去。

他們沒有想要自己解決自我人生各種問題的心態。

他們在解決所有人生問題上都失敗了，最後就藉由把孩子牽扯進來，想一口氣解決自己的心靈矛盾。這就是精神官能症型的「親子角色逆轉」。

在這層意思上來說，「親子角色逆轉」可謂是解決精神官能症的一個方法。

「親子角色逆轉」的父母，自小就很狡猾地到處轉來轉去，不嘗試解決問題，而是把自己的問題轉嫁為他人的責任。他們隱藏在內心黑暗面的問題，質量、數量都無比驚人。

若要用一句話來表現他們的情感，就是「不甘心！」

他們被龐大的問題壓的喘不過氣，最後，唯一解決問題的方式，就是「親子角色逆轉」。

「親子角色逆轉」的父母，在所有人際關係中都感到挫折，而且不是渴求、努力後才感到挫折，也不是奮鬥過後才有挫折。

他們什麼也不做，只會撒嬌而已。他們迴避了努力而感到挫折。這種僥倖的生活方式，理所當然會有挫折。

在此，孩子就成為最後的救命繩。

所以若不進行「親子角色逆轉」，父母恐怕會以自殺告終。這是種誤算，他們以為自己可以完全迴避人生中的課題，但這些課題卻是不可避免的。

如前面的敘述，「親子角色逆轉」的父母很狡猾，沒有自我的想法。

例如他們會對孩子說：「這個家最後會變成你的家。」藉由這麼說，讓孩子繼承，向孩子討要人情，隨心所欲操縱孩子。

可是，在意識上卻不覺得那是「欺騙」。這些父母對自己也對孩子說謊。就像這樣，自己糊弄自己，任意妄為。也就是說最後他們不會實現承諾。

這些父母欺騙了孩子，而且沒有欺騙意識的欺騙是最「狡猾」的。

「親子角色逆轉」的父母，其態度特徵是「狡猾」，情感特徵則是「悔恨」。

轉變成孩子的父母

「親子角色逆轉」的父母，在哪兒都沒有同伴。討厭家人，學生時代沒好朋友，在社會上也沒有親近的人。

因為一直以來都在迴避與人交流、迴避人生中的課題，所以一直孤身一人，沒有與任何人有心靈上的交流。

這些人無法與人交談，也不會與同事喝酒、一起說說主管的壞話，抒解煩憂。

總之這些人的生活只有孩子。

他們把所有負面情感的宣洩口轉向孩子，因此對孩子有很強的獨占欲。這就和幼兒對父母有獨占欲是一樣的。

「親子角色逆轉」的父母會讓孩子被孤立。因為他們不喜歡孩子與朋友關係良好、不想讓孩子交朋友。

卡倫・荷妮在虐待狂式的愛的說明中提到：「而且他們讓伴侶被孤立。他們會將擁有對方與貶抑對方的壓力連結起來，將對方逼到完全依賴的狀態。」（註34）

這就是「親子角色逆轉」的父母。

卡倫・荷妮更說：「她對人生懷有怒氣。因為她的期待全都沒有實現。」

「她擁有能讓自己幸福的所有事物，包括安全、家庭，以及付出的丈夫。但是她因為內在的原因（inner reasons）而無法享受任何事。」（註35）

做出「親子角色逆轉」的父母擁有能讓自己幸福的所有事物。配偶、孩子、工作，全都有。

可是，做出「親子角色逆轉」的父母，因為「悔恨」這個內在原因而無法享受任何事。心靈處在地獄，所以不論外在受到多少恩賜，都無法快樂活著。

因為他們不正視內心，只想藉由緊黏孩子來解決人生的問題。

借用卡倫・荷妮的話來說，就是「她不論做什麼都不會快樂。」（註36）

「親子角色逆轉」的父母「做什麼都不快樂」。其原因在於悔恨、自我厭惡，但他們卻把這原因想成是出在孩子身上而責備孩子。

厭惡自我的人不論做什麼都不快樂。做出「親子角色逆轉」的父母經常會斥責孩子，而斥責孩子的真正原因就出在厭惡自我。因此他們在意識上嚴厲管教孩子時，其實無意識中就是在欺負孩子。也就是道德騷擾，用冠冕堂皇的嚴厲管教洩憤。

他們將活得不快樂的原因，從對自己的自我厭惡，轉嫁到對孩子的態度上。

因此孩子不照自己所想行動時就會非常生氣。

報紙曾報導過，有身為醫師的父母說，孩子的成績不如自己預期時，就將孩子關到「加護病房」逼孩子讀書。

這會導致孩子變成精神官能症。精神官能症，是為了滿足父母私欲而被養大的孩子會陷入的症狀。

父母為解決自己心中的糾葛而把孩子牽扯進來。

內心脆弱的人會為了解決自己心中的糾葛而把旁人捲進來。此時最容易被捲進的就是孩子。

也就是說，父母愈是有心理上的問題，就愈容易牽扯上孩子。愈是有嚴重的心靈糾葛，就愈會把孩子捲進來。

若沒那麼嚴重，則會把孩子以外的其他人牽扯進來。例如牽扯配偶、戀人。

又或者是自己明明在社會上是無能的，結果卻一邊享受著來自社會的恩惠，一邊卻又吵著說「社會很糟」。對社會來說是加害者的人卻會裝出被害者的模樣述說不滿。這就是非抑制型的人。

連這點都做不到的人，就是抑制型人，是會做出「親子角色逆轉」的父母。

牽扯孩子的父母因為無法對其他人出手，所以就將孩子捲進來。不，應該說是雖想將身邊所有人都捲進來卻失敗了，最後才緊黏孩子不放。

若不把孩子牽扯進來，就只能去死了。正因為如此，緊黏孩子的方式才很駭人。

到這地步的父母，自我是很脆弱的。自我完全沒起作用，也就是完全無法自立。既沒有自己本身的願望也沒有需求，總之就是「悔恨」。

父母的心理完全就是幼兒，而這些幼兒需要母親。對這類幼兒來說相當於母親的，就是處在「親子角色逆轉」情況中的孩子。

因為家暴，孩子在家中受到暴力相向，就會害怕朋友。

變成「在外是羔羊，在家是頭狼」。

不論是孩子對父母的暴力，還是「親子角色逆轉」中父母對孩子的暴力，在本質上都是相同的。

完全沒有內在力量的人，面對撒嬌對象，會發洩出所有的憎惡。面對撒嬌對象會變得兇暴。

在「親子角色逆轉」中，父母的暴力行為、孩子的家暴，會進行這些暴力行為的人，在外面都是很膽怯的。

容許虐待的人會被「舔舐」。

「舔舐」對方的人，無法與人有心靈上的交流，在心理上也是處於孤立無援的狀態。本來，「舔舐」是對食物使用的詞語，這裡則用來比喻「想滿足幼兒期願望」的表現。

「親子角色逆轉」的父母，其心理也是同樣的情況，會「舔舐」孩子。父母會對周遭的人尋求心靈上的交流，卻無法與人交心。想撒嬌，但長大成人後就沒有能撒嬌的人。長大成人了，卻沒有親近的人。

但是很理所當然地，父母會一邊尋求與人的心靈交流，一邊又會因無法與人交心而鬧脾氣。

總之就是否定所有、悔恨、鬧彆扭，結果漸漸地就變得孤立。因此最後就會在與孩子間的關係中渴求心靈上的交流，以洗刷自己的悔恨、滿足對愛的渴望。

因為父母在情緒上是未成熟的，在家無法與配偶交心，在公司不信賴任何人，也不被任何人所信賴。

做出「親子角色逆轉」的父母在心理上簡直就是孤立無援的狀態。

為了脫離這種心理上孤立無援的狀態，他們拚命嘗試做出的就是「親子角色逆轉」。

「親子角色逆轉」的父母，把所有不滿都丟向孩子。父母向孩子傾吐所有不滿與苦惱，希望孩子解決自己的負面情緒，彷彿垃圾車傾倒垃圾一樣。

簡而言之，孩子是父母負面情感的垃圾堆。

做出「親子角色逆轉」的父母在心理上是幼稚的。因此經年累月下來會累積強烈的不滿，然後父母就會將所有不滿傾吐給孩子。

本來應該是父母傾聽孩子的苦悶，現在卻相反，變成孩子擔任父母角色，並且一定要做到超出為人父母的責任。

父母將至今在外頭囤積的鬱悶全傾倒在孩子身上。此外也會將家中夫妻關係所累積的鬱悶全傾吐在孩子身上。

這麼一來，孩子必然會生長在強烈恐懼感之中。

長大成人以後，孩子的所有行為動機都將會來自恐懼感。

「孩子的性格，型塑自雙親的性格，並相應於此而發展。」(註37)

父母在「親子角色逆轉」中會對孩子撒嬌。這分「撒嬌的願望」會依對孩子的「要求」而改變、發展。父母的那分要求若無法獲得滿足，接著就會朝向「發怒」發展。無法處理那強盛怒氣時，父母會變得非常不安。

要求之所以非常不合理，是因為他們無法接受人生中理應會碰上的困難。最後他們會哀嘆，也會陷入「我就只能有這樣的家人嗎」這樣的自我憐憫中。

演變到「親子角色逆轉」時，父母的人生簡直是非常接近死路。「親子角色逆轉」是最後的手段，若無法成功，就會變成「束手無策」。

施恩圖報

精神官能症患者有好幾種方法可以解決自己內心的矛盾，其中之一就是「施恩圖報」。這件事的本質是憎惡，但卻戴著「正義」與「教養」的面具。

精神官能症對於愛的渴望，在索求時會提出正義與恩惠。

「親子角色逆轉」的父母只有施恩於孩子時才會關心孩子。他們不懂與人溝通的方法，所以會對孩子說：「你和其他孩子不同，是幸福的。其他孩子是那麼的不幸，你過得還真好。」

又或者說：「買這個柿子給你的是我喔。」其實孩子根本也不需要什麼柿子。連買個類似柿子的東西都帶著施恩的意味。

根據阿德勒的主張，人類從小就會為了獲得愛而展現出攻擊性的態度，或是會直接表現出來，或是隱藏起來。

阿德勒在著作中舉出D先生這個人為例子，以說明在社會上表現出來和隱藏起來的攻擊性。（註38）

這位D先生就是施恩圖報的人。他無法直接向家人表現出自己的需求。

做出「親子角色逆轉」的父母有很多人都是施恩圖報。這就是間接表現出對孩子的攻擊性。

對孩子施恩圖報的父母，是想讓孩子深信自己很「愚昧」。被施恩的一方，只能認為自己是沒有價值的愚昧人類。

被施以恩惠這件事，會讓人深信自己是無能的、沒人幫助就活不下去，經常都只會想著自己在給人添麻煩。甚至認為自己「存在」的本身，都是在給別人添麻煩。

因此總是只能對自己「存在於當下」這件事賠不是。

有一種心理被稱為冒名現象*，又叫「冒名頂替症候群」，是一種心理現象「覺得自己不配現在的成就，好像自己冒名頂替他人一樣」。被冒名現象所苦的人，他們的自我形象，就是來自於那些施恩圖報者。

施恩圖報的父母若要將自己的價值硬塞給孩子時會怎麼做呢？

父親會告訴孩子：「我為了你這麼辛苦工作，都是因為你很沒用。」將自己的重要性深植在孩子心裡。

藉由讓孩子覺得「我真是個麻煩的存在」，父母就將自己的價值硬塞給了孩子。

然後父母就能克服自我的無價值感。

「你都是因為有我才能活下來，為了養育你，知道我有多辛苦嗎？」父母自小就徹底灌輸孩子這些觀念，以此向孩子要求特別的感謝，父母也能安慰苦於自我無價值感的心。

這樣的父母所作所為全都是施恩圖報。

會一一對「是我帶你來這裡」、「我買了這個給你」、「我帶了這個給你」這些日常行動施恩圖報。

孩子愈是沒用，父母的自我價值就愈是能相對性的提高。比起一般父母，這類父母的自我價值要高出許多。

總之為了讓自己做的事被當作很了不起，所以孩子的「沒用」是必需的。這麼一來，父母就能向孩子誇示「你看我對你多好」，強調自己是在施恩。為自我無價值感所苦的父母無論如何都會這麼做。不這麼做就活不下去。從交流分析的方法來說，這就是「你不該存在」一類的破壞意象。

---

*冒名頂替症候群——認為自己走運才能成功，而非靠才能或資歷——最早於一九七八年由心理學家波林・蘿絲・克蘭斯（Pauline Rose Clance）和蘇珊・艾姆斯（Suzanne Imes）發現，她們的研究指出，冒名頂替症候群好發在女性身上。

施恩圖報的人其實把與對方的人際關係想得很重要，拚命想要依賴對方。他們不會讓人看到這個弱點。因為害怕破壞與對方的關係，就會強調自己給予對方的恩惠。他們會在與對方的關係中，硬加入自己的價值。

「親子角色逆轉」的父母，也許會在暑假帶孩子出門去玩。但是，他們不會只是單純帶孩子出門去玩。例如帶孩子去海邊時，會表現出施恩圖報的態度：「既然你這麼想去海邊，我可以帶你去喔」。若是帶了孩子去，自己的無力感就能被療癒。

孩子拜託父母：「爸爸，帶我去海邊！」有的父母會故意擺架子，其實這些人傾向於施捨恩惠，希望受到恩惠的人能夠感恩圖報。

施恩圖報的父母養育孩子，孩子長大成人後，即便別人真的懷抱好意對待自己，也會把這行為解釋成是施恩圖報，會形成這種價值觀。

而且會對別人真正的好意感到生氣，產生敵意以及憤怒。

在「親子角色逆轉」環境中生長的人，長大成人後總有一天還是會接觸到現實。只要無法確實認識到環繞著自己的世界是不一樣的，並努力打造新的價值觀，終生都不會幸福。

誠如哈佛大學埃倫・蘭格爾（Ellen J. Langer）教授所說，競爭是由學習而來的。就算不是施恩圖報的行為，也會把它解釋成施恩圖報的行為，並因此感到憤怒，學會感到憤怒。

「競爭是由學習而來的。」（註39）

接受當下的現實，就是打開前往幸福的大門。這裡指的是，學習到並非所有人都像自己父母一樣施恩圖報，必須正視現實，並學習融入。

誰都不想被施恩圖報。

朋友之間不需要講求施恩圖報也能維持友誼，這就是朋友。

即使是親子關係，也沒有人想被施恩圖報勒索。有心靈交流的親子，不會在意是否每個付出都一定要得到報酬。

實際上被虐待的孩子，不會說自己被父母虐待，也說不出自己被父母虐待。被虐待的孩子不會說自己被虐待，而會說是因為「不想讓父母擔心」。這種情形已經不屬於親子範疇。

是親子卻無法說真話。孩子拒絕與父母有情感上的接觸。媒體在虐待事件中會報導說：「孩子沒說自己被虐待。」但他們不是「沒說」，而是「說不出口」。

偽共生假說

「親子角色逆轉」的父母，會對孩子施恩圖報，同時又讓孩子覺得被父母厭棄。父親向孩子誇示自己討厭不聰明的人。但是卻又用言語霸凌、洗腦孩子，讓孩子認為「我不聰明」，而且讓孩子認為「不依賴父親就活不下去。」

這一連串的過程是首先讓孩子深信「我不聰明」、「是我不夠好才會被罵」。接著讓孩子深信不依賴父母就活不下去。然後父母說：「我討厭不聰明的人。」

也就是說，就孩子的角度來看，自己變得不得不依賴討厭自己的父親而活。

而父親藉由和孩子在一起，對孩子展現出十足施恩圖報的態度。

把自己想成是給予孩子十足的恩惠，施恩望報。這樣一來，父親就能消除自己的無價值感。

「親子角色逆轉」的父母會徹底地向孩子榨取愛，並操縱孩子，使孩子認為父母有給他們徹底的愛。

這不僅會出現在親子間，夫妻之間也會出現類似狀況。在心理上不安的丈夫會在與妻子間的關係中做這件事。

讓妻子深信「妳是沒用的女人」、「除了我，沒有男人要跟妳交往」、「妳在這世上，無法一人獨活」，而且還說：「我討厭沒用的女人。」

這樣的丈夫會因無力感而向對方要求感謝，施恩圖報。為了維持這分施恩圖報的關係，就會言語霸凌洗腦，讓妻子自卑，並對丈夫的話深信不疑。

若妻子的行動不符自己所想，接下來就會把目標轉向孩子。因為在與妻子的關係中無法達成目的，結果成為「親子角色逆轉」的父母。

不論對方是配偶還是孩子，這類人都常因防衛性的價值觀而行動。

其實他們比所有人都來得想在公司中出人頭地，卻會說：「在公司出人頭地什麼的很無聊」，無法承認自己在公司不能出人頭地的事實。

他們非要把孩子壓在自己之下。因此在孩子出社會時，這種父母會說：「在公司出人頭地什麼的很無聊。」但是他們心底最期望孩子的成功，因為他們想藉由孩子的成功向世間雪恥。

而做出「親子角色逆轉」的父母，會因應不同的年代，用不同的話來壓抑孩子。

父母在孩子高中時代會說：「你一定要上東大」，因為自己就是東大畢業的。

意識與無意識相背離的複雜防禦性價值，在守護自我價值的同時，會將他者壓抑在自我之下。

討厭自己的人、也討厭他人。

那麼，如果「親子角色逆轉」的父母是非常討厭自己的人，會變成怎樣？

孩子理所當然地會認為自己是被討厭的。但那不是因為自己是討人厭的存在而被討厭。

父母討厭著孩子。但父母會隱藏這件事。察覺到父母真心的孩子，知道自己是被討厭的。

但是父母禁止孩子察覺自己的真心。孩子在無意識中得知了自己被父母討厭著，因而會開始討厭父母。

但是因為孩子害怕父母，會壓抑「討厭、被討厭」這樣的感受。也就是說，會將「討厭、被討厭」這樣的感受封閉在無意識中。而在意識層面上深信著自己是「愛、被愛」的。

正常家庭的孩子，被心靈坦率的雙親圍繞、扶養長大，恐怕不太能理解這樣的心理。

「互相討厭」不是件好事。「相愛」才是好事。

因此，即便實際上是互相討厭，也深信彼此是相愛的。

壓抑，正是在欺騙自己的心。

有人會欺騙自己的心來維持關係。這些人將實際感情拒之於自己意識之外。這樣的關係稱為「偽相互性」。

在發生家庭社會事件時，媒體之所以會報導說「為什麼那樣關係和諧的家庭會發生這種事？」原因正是在此。

討厭有兩種。

①孩子討厭自己

②孩子所依賴的對象討厭自己

這兩種情形放在親子關係中，父母在與兒子間的關係中會有什麼要求呢？他們會要求以下三者。

①要求男性與男性間的尊敬關係。換個角度就是看不起自己的兒子。

②要求上下的父子關係。在此父親會命令兒子：「去唸書」。

③要求兒子擔任母親的角色。在此就是要求兒子做為母親的替代品。

「親子角色逆轉」的父母會向孩子要求全部。

有些事很重要，人們卻沒有注意到，例如下面所說的例子。

「親子角色逆轉」的父母心中，有著無法達成自己是「堅強父親」這分期待的絕望。這種不滿完全是另一個種類，不同於向母親撒嬌卻未獲滿足的需求不滿。

因此就會要求孩子成為像那樣的「堅強的人」。藉由此讓自己被認可為是「堅強的父親」。也就是說，可以推測，就像祖父要求父親成為「堅強的人」那樣，孫子也會被這樣要求。

「親子角色逆轉」的父親，認為自己是被雙親要求要成為「堅強的孩子、聰明的孩子」。

可是自己無法實現。

所以就要求兒子成為那樣的人，進而操縱兒子。

父親自己無法成為「理想的自我」，就向兒子索求在自己與父母關係間未被滿足的「理想的自我」，並操縱兒子。

總而言之，「親子角色逆轉」的父母，會將自己心中未滿足的部分，統一向孩子索求。但即便如此，最後，「親子角色逆轉」的父母，還是會不斷逃避現實而活。他們不與一切現實爭鬥，像這樣活著，漸漸變得不知道自己的生存之道了。

第5章

面對現實

強迫性行動的原因

有人的個性會為了逃避孤獨的焦慮不安而去迎合他人。為尋求自我保護而迎合他人。也就是躲在「保護與迎合」的關係中。

壓抑無自信感。但是無論如何壓抑，在心底都能聽到「我沒有自信啊」這樣的叫喊。「我沒有自信啊」這個被壓抑的「叫喊」，會驅動該人的意識。被壓抑的「叫喊」也會影響到個人的言行舉止。例如，假設父母壓抑著「我沒有自信啊」這樣的叫喊，就會強迫性地執著於孩子，怎樣都無法離開孩子。

這是因為，能從「我沒有自信」這個真實性問題守護自身的方法，就是強迫性地對孩子有所執著。

若是大叫著「孩子、家庭」就不用直接面對「我沒有在競爭社會生存下去的自信」這種真實問題。若持續大叫著「人生中最重要的就是孩子，人生中家庭才有價值」，就能避開正視「我沒有自信能在這競爭社會中生存」的真實心情。

那樣的叫喊，會守護自己遠離心底真正的感受。能守護自我避免自我價值觀被剝奪的，就是「只有家庭才有價值，財富、名譽都沒有價值，社會上都是些蠢蛋」這樣的價值觀。

這就是強迫性地對孩子有所執著。若不執著於孩子，就會直接面對到「我沒有自信能在這競爭社會中生存」這樣的真實感受。

有人的性格是很強迫性的頑固。「拒絕與頑固」是這些人的特徵。

這類人會壓抑住「想獲得認可」的願望。

做出「親子角色逆轉」的父母會壓抑住「想更加獲得社會認可」這類願望。

若說價值存在於家人之中、只有孩子才有價值，就能不用直接面對「真實自我」——沒有自信在競爭社會中活下去——的問題。

若想要逃避直接面對心底真實的自我感受，「親子角色逆轉」就會變成強迫性的行動。除了緊黏討厭的家人，再沒有其他的生存方法。

必須緊黏孩子，不緊黏著孩子就活不下去。所謂的「緊黏孩子」是意識上的努力，而支配人的則是無意識中的必要性。

壓抑真正的願望，就會變得不安。若想要逃開那分不安，行動就會變成是強迫性的。

依賴就是不去看真實，是不安的消極性回避。不安的消極性回避會奪走享受生活的能力。

若變成這樣，就算要這些人「擁有興趣」，他們也不會有。

就算跟這些人說，可以去逛美術館，老人家可以打高爾夫或是整理庭園，現在可以讀讀年輕時想讀的書，他們也做不到。就算客觀條件都具備了，還是做不到。

有人會強迫性地去努力追求名聲。

過去曾有人被稱為Status seeker。具有社會地位，就能免去自己沒有能力的感受。

這些人知道，即使有社會地位也不見得會幸福，但他們還是無法停止追求社會地位。

喬治・魏堡說，那是「不論什麼事都會強迫性地去行動」。

想要避開無意識中某些東西而想要做些什麼的時候，行動就會變成是強迫性的。變得非得做那行動不可。

為了避免「無法與親近的人變親密的自己」這種「對自我的絕望感」，有人會用工作來逃避。結果就變成非得要工作的工作狂。身體累得半死仍無法停止工作。對這類人來說，工作並非為了生存。

有人是不斷把家庭、家庭掛在嘴上的家庭依賴症。若為了避免在工作上不成功而產生「對自我的絕望感」就開始說著「家庭很重要」，變成家庭依賴症。

若不一直提起家庭、家庭，「對自我的絕望感」就會浮到意識層面上來。

家庭依賴症與酒精上癮症在心理上是相同的，但也有不同之處。

酒精上癮症的人，不喝酒不行，但這並不是說他們對酒精不滿，對酒精發怒。只是他們雖然不是很喜歡酒精，卻不得不喝酒。雖然知道對自己而言，酒精對健康不好，卻非得要喝酒不可。

可是，有家庭依賴症的人，雖然和酒精上癮症不喝酒就活不下去一樣，沒有家庭就活不下去，但卻對家人不滿、感到憤怒。

做出「親子角色逆轉」的父母，一邊黏著孩子，一邊對孩子感到不滿、發怒。對自己來說，比起疏遠的人，更討厭親近的家人。

幼小孩子的撒嬌慾望不被滿足時會對母親產生不滿。幼小的孩子若沒有像自己所期望的那樣，被母親稱讚「你好厲害喔」就會感到不滿。

「親子角色逆轉」的父母就和這樣的小孩一樣，會向著家人以及孩子大叫「我很厲害！很厲害喔！」

無法直接這麼叫喊出來時，就會變得施恩望報，變得不開心。

進而在心中懷有敵意。

不高興的父母會對孩子說類似「讓我心情好起來啊！」要孩子哄自己。這完全就是「親子角色逆轉」。

喬治・魏堡說，父母幾乎可把所有事情都變成強迫性的行為。

「還有因其他原因而開始的許多健康行為，若被認為要盡到某些責任，就會成為強迫性的。不論是慢跑、學習、工作、看書都會變成是強迫性的。所謂的『責任』到底是什麼

呢？所謂的責任會給意識帶來阻礙，減輕痛苦。強迫的責任就是在做逃避的準備。」（註40）

很容易感到害羞的人，通常也有依賴症。

這些人會想要修正自己不討喜的性格，並且為了修正而努力。

可是卻修正不了。

因為那分不討喜的性格，守護了自己免於直視真實。所以無意識中根本不願意修正。

強迫性的工作會阻礙我們去意識到某些事。只要那麼做，就能不去意識到不想意識到的事情，因此什麼事都會變成是強迫性的。

只要工作就不會去意識到自卑感；只要慢跑就不會去想到自己被喜歡的人拋棄了；只要與人會面，就能不去意識到對將來的不安。

若情況變成這樣，這些行動就會變成是強迫性的。就算想停止這些言行舉止也停不下來。

「容易害羞」這樣的個性，是從無意識的必要性中冒出來的，這樣的人也想和人變親近，可是就算再怎麼努力還是做不到。

這是因為他們在無意識的領域中對他人懷有恐懼與敵意。

因為容易害羞，他們並沒有察覺到自己心中的敵意。

牽拖旁人

人們會為了想逃開嚴重的自卑感而將自己榮耀化，或是「把旁人牽扯進來」。

為什麼會出現這些行為呢？

把人牽扯進來以解決心中糾葛，只會變成更為軟弱的人。

軟弱的人不論做什麼，都無法靠自己一個人說服自我。若不獲得他人的認同，就無法真正認可那件事。在心中想解決某些事時，若不把他人牽扯進來就無法解決，非得要獲得旁人的認同不可。

藉由「把他人牽扯進來」以解決心中糾葛的典型方法就是「親子角色逆轉」。

「親子角色逆轉」的父母，感覺不到自己是很重要的存在。所以害怕被討厭。可是若被討厭就行動，將會強化害怕被討厭的感覺。對誰都擺出好臉色是當代最佳的表現，但生活在「親子角色逆轉」中的親子兩人，這樣的表現是很可怕的。

「親子角色逆轉」的父母害怕被討厭的家人給討厭。所以對孩子就會變成是戴著愛的面具的虐待狂。

在依賴症的人際關係中，彼此都不愛自己。彼此都討厭對方。可是卻又離不開彼此。

人只有在自己被接受、自己是被愛時，才會接受人、愛人。

羅洛・梅主張，哈里・斯塔克・沙利文*如下的說法是正確的：「如果我們不尊重自

*哈里・斯塔克・沙利文（Harry Stack Sullivan），一八九二～一九四九年，美國心理學家。

己，也不會去尊重又或者是去愛別人。」（註41）我也這麼認為。

為不安所折磨而喪失自信的雙親，「無法尊重或者是愛」孩子。可是本人卻很黏孩子，一邊向孩子榨取愛，一邊又覺得自己很尊重孩子。那其實是謊言，而為了守護自己不受謊言之害，就深信著「我是愛著孩子的」，這幾近於盲信。

為了消除「我的存在沒有意義」這樣的感受而打造出來的人際關係，就會變成依賴型的人際關係。

例如有位母親口中說「只要你幸福，媽媽我怎麼樣都無所謂」。但其實母親無法忍受自己的存在是沒有意義的。夫妻關係有了裂痕。但是沒有離婚的意志與勇氣。已經看不到自己人生中有何希望與意義。她無法忍受這件事。

她為了逃離這痛苦而緊黏著孩子，對孩子進行情緒勒索。孩子就像藥一樣，而她正是藥物成癮症患者。她不會這麼簡單地放開孩子。

因為要是離開了孩子，就感覺不到自己的人生有何意義，不論是討厭還是怎樣，都無法離開。

因此，即便不喜歡對方也無法離開對方。

關於「權力意志的人」，羅洛・梅敘述如下。

雖然無法設身處地關心（care for）他人，卻經常很照顧（take care for）人，除了心，還會不斷付出金錢。（註42）

照顧他人與自己的利益有關時，無論如何都會照顧他人。若照顧他人與自己人生的意義有關時，無論如何也都會照顧他人。

因此，就算對象不是人也可以。就跟打高爾夫的人會保養高爾夫球杆是一樣的。

羅洛・梅針對自己患者的父親寫道：雖能給錢，卻不能給心。（註43）

這都是些不安的人。藉著給予金錢來確認自己的優越性，消除不安。

藉由照顧他人來消除不安，感覺自己的人生是有意義的。照顧他人就是「把他人牽扯進來」的一個方式。

有問題的不是照顧他人的行動，而是照顧他人的動機。

若是為了不去正視無意義感而牽扯他人，「被無辜牽扯的對象」與「自己」之間，就會成為依賴型人際關係。

喜歡照顧他人的這些人中，有人是真心想照顧他人，也有人是為了逃避無意義感而去照顧他人。

其中的後者，會在與對象的關係間成為依賴型人際關係。

虐待狂與被虐狂的現象完全不一樣，但在逃避「難以忍受的孤獨感」這點上是相同的。

孤獨感、無力感、無意義感，若是為了逃避這些而與人建立起關係，就會成為依賴型人際關係。

若從這些動機發展成朋友，即便明明沒那麼喜歡對方，也會覺得「那個人是我的好朋友」。無意識中即便很討厭，意識中仍認為對方是好友。

在該人的無意識中，就有著要把討厭的人想成是自己好友的必要性。

簡直就像是「如何與他人交往」這件事在蹂躪個人本身本有的情感。（註44）

「個人本身本有的情感」就是「想和這個人來往、想和這些人成為朋友、想要更多不一樣的交友關係、想接觸更不一樣的世界、自己的世界很奇怪、想飛到更廣闊的世界、看看自己搞錯了些什麼」。

但是現實世界中，卻在討厭的情緒下，和討厭的對象變成為好友，討厭對方卻裝作喜歡。

這是出於寂寞。因為「真正的自我」無法生存下去。

自己放棄了自己。因為寂寞而無法切斷與討厭的人的關係。一直持續著拖拖拉拉、「意識中認為對方是朋友，無意識中卻討厭對方」這種搞不清楚的關係。

總之，排斥自我的人，一旦與人建立起深厚的關係，就會變成人際關係依賴症。

自己抹去自我的代價之一就是人際關係依賴症。自己抹去自我是因為不安。毫無理由地就是會擔心。

因為把關係放在優先順位，就放棄了真正的自我，也變得不知道自己真正的人生目的。

雖然很努力了，但生存方向卻錯誤，不斷在迷路。

也就是說，與父親間關係的失敗，即是接下來與朋友、戀人間關係失敗的原因。

從小對父親「服從與依賴」的關係，是在為高中時代不健康的朋友關係做準備。更甚的是在為成為社會人之後的不健康戀愛關係做準備。

有一位妻子總是盡心盡力照顧一喝酒就暴力相向的丈夫。

她為什麼要這麼做呢？

這是因為妻子「難以忍耐孤獨感」。而「難以忍受孤獨感」的原因就是「強烈的依賴性」。這是為了逃離孤獨感所做出的犧牲奉獻。若為丈夫犧牲奉獻，就可以避開寂寞。

簡直就像是弗莉達・佛洛姆—萊克曼*所說，自我的犧牲奉獻是「強烈依賴性」的表現。

姐姐一邊對有賭博上癮症的弟弟說：「這是最後一次囉，這是最後一次囉」，一邊卻又借錢給他。

她為什麼這麼做？

因為姐姐很孤單。害怕若是不借錢給弟弟，弟弟就會與自己斷了關係。

家庭依賴症

緊黏家人的人其實應該要試著獨立。

做出「親子角色逆轉」的父母為了避開在工作上的勝負而緊黏家人。家人是能組成防衛性價值觀。若把價值置於工作上，就會剝奪自我的價值。因此會否定工作的價值，以家庭為唯一的價值。

---

*弗莉達．佛洛姆—萊克曼（Frieda Fromm-Reichmann），一八八九～一九五七年，佛洛伊德流派的美國心理學家、精神科醫生。

但其實，若緊抓著防衛性價值觀而想要防衛自我價值，工作沒成果的自卑感反而會更深刻化。

「出人頭地很無聊，出人頭地什麼的是虛榮的人才追求的。」

每次這麼主張時，在無意識中就強化了對出人頭地的憧憬。

而這樣的結果就會強化「自己無法出人頭地」這類對自己的絕望感。

《伊索寓言》中有一則〈狐狸與葡萄〉的故事。其實狐狸很想要葡萄，但牠拿不到，所以就說「那些葡萄很酸」。

但是牠變得愈來愈想要葡萄。因為壓抑了「想要葡萄」的願望，反而變成被「想批判人」這種心情給驅使。

之所以會強迫性的去批判人，原因就出在壓抑著「想要葡萄」的情緒、願望。只要批判人，就不會注意到「想要葡萄」這個被壓抑的情緒與願望。

之所以會強迫性去批判人，是因為該人覺得周遭的世界都不認可自己。藉由主張「出人頭地是虛榮的人才追求的」、主張自己是精神上的追求者，打造出了「孩子、孩子、家人、家人」讓人喘不過氣來的家庭。

這就是父母的家人依賴症。藉由呼喊著「家人！」，抬高家庭價值就能守護自己免於被剝奪自我的價值。

育兒中藏有真正的動機。這種情況下，孩子會感受到莫名的壓力。

無法晉升到期望的公司職位，為了守護自我價值免於感到自卑，就會主張「公司什麼的很無聊，孩子才是最重要的」這類價值。

只要吶喊著「孩子才是最有價值的」，就能不去在意在公司中不受好評的工作。

這是作為防衛性價值而給予家人的愛。

父母的不安、對愛的渴望、無力感、社會性的自卑感等，會戴著「對家人的愛」這種面具表現出來。這時候，該家族中就會出現所謂的「聽話的好孩子」。

在以愛為名之下做了些什麼？這才是真正的問題。

例如若是父母親的占有欲很強，憎惡與恐怖就會戴著愛的面具登場。

這類父母不將自己的精力、能力用於讓自己成長，反而巧妙的用來操縱孩子。

在揚・亨德里克・范・登・貝治*的著作《可疑的母愛》（暫譯。Dubious maternal affection）中有這樣一句話：「比起過多虛偽的愛，孩子比較能忍受不足但真實的愛。」

反映在育兒上，會變成過度保護、過度干涉等批判，但父母卻認為那是愛。

為了轉過頭不去看夫妻關係的瓶頸，結果在育兒上投注過多的精力。若不將活蹦亂跳的精力集中在育兒上，就會留意到夫妻關係的危機。

現在，各種「社會上理想家庭」出現問題兒童的情況，很多都是過多虛偽的愛所造成的結果。

若心中有糾葛，就會想去操縱他人。父母逃避不去正視自己心靈的問題，就會把精力轉而投注在操控孩子上。結果就是孩子會變得很扭曲。

只要把注意力全部轉移到家人，即可忽視工作的價值。

「在進行這種強迫性行動時，無法接受的訊息就會被擋下。」

喬治・魏堡說，強迫性行動所帶來的，就是提供逃避的場所。

把這行動加上特色，就是其作為逃避的機能。（註45）

貶低工作價值，抬高家庭價值，和社會上強迫性追求名聲的情況相反。價值觀完全相反。

但是心理上卻是相同的。

兩者的共通處就是「在社會上不成功的我是沒有價值的」這類自我形象。家庭依賴症的人拚命想對自己隱藏的「真實」，就是「我在這競爭的社會中無法成功，我沒有自信」。

名聲追求依賴症的人所拚命隱藏的「真實」，則是「我很不安。只有比別人優秀我才能感到安心。想藉由名聲獲得安心。我沒有自信。」

家庭依賴症的人，藉由不斷高舉「家人優先」的旗幟，以逃避不去正視現實。但是代價卻很大。

首先活著就失去了趣味。喪失享受活著的能力、喪失溝通的能力、喪失了人格的整體

---

*揚・亨德里克・范・登・貝治（Jan Hendrik van den Berg），一九一四～二〇一二年，荷蘭心理學家。

性。

一旦進行強迫性行動，其他非強迫性行動也會變得不有趣。（註46）也就是會變成無法獲得幸福的個性。

喬治・魏堡說，強迫性行動會比其他行動來得更為優先。（註47）

「親子角色逆轉」的父母不是真的重視家庭，而是想藉由家人來滿足自己對愛的飢渴感，才緊黏家人。也就是說，父母在幼兒期的願望未獲滿足。而為了滿足這些願望，父母就會向孩子撒嬌。

如果父母有所「自覺」，注意到在自己無意識中所有的幼兒期望，就能更健全地養育孩子。父母也能往前邁進。

支配的愛

「親子角色逆轉」的父母會持續給予孩子「你一定要出人頭地」這樣的訊息，同時卻會持續給予孩子「出人頭地很無聊」這樣矛盾的訊息。

這麼一來就會破壞孩子的溝通能力。

「為了讓自己的世界充滿生氣，又或者是為了縮小自己所居住的現實，再沒有比利用他人更有效的方法了。」（註48）

邪教團體中聚集有許多沒有解決意志的人，但這情況不限於在邪教團體中。生了病的家庭也一樣。

「親子角色逆轉」的父母，不想著如何面對現實中的的問題，卻想藉由把孩子牽扯進來以解決自己心中的糾葛。

他們在一開始的親子關係就錯了，原因就是彼此都不願面對現實。

母親不會承認夫妻關係破裂這件事，而會將精力投注在孩子身上。結果造成母親的過度保護。

母親強迫性地將精力投注在孩子身上。為了不去看破裂的夫妻關係，結果不得不過度關注孩子。就算不想關注也不得不關注。

若不過度關注，破裂的夫妻關係就會被擺到眼前。

只要把精力都用來關注孩子，就可以不去看破裂的夫妻關係。這麼一來，就算想離開孩子，也無法離開。

虐待狂會顯著地表現出其攻擊性的人格，迎合性格的人，則會表現出狡猾。（註49）

「親子角色逆轉」的父母會對孩子有無盡高的期待，並要求孩子要實現。

孩子被加上了不切實際的高度期待。父母會對孩子做出精神官能症性的要求。

此時的父母在心理上是處在溺水狀態，在心理上是已經活不下去了。因此會緊黏孩子，將對孩子做出的各要求當成救生圈。

溺水的雙親會拚命抓住孩子這個救生圈。

就算想停止對孩子有無盡高的期待也停不下來。若是停下了，就不得不面對夫妻關係的破裂。

做出「親子角色逆轉」的父母，若不緊黏孩子，就不得不直視自己的人生窒礙難行這個現實。

就像酒精上癮症的人沒有酒精就活不下去一樣，「親子角色逆轉」的父母沒了孩子就活不下去。

即便黏著的對象不是「東西」也可以。

不論是酒精還是孩子都可以。不論是工作還是玩樂都好。總之只要是能讓自己不去面對現實的東西就好。

卡倫・荷妮說：「日常生活中，他們也會對周遭的人做出極為不切實際的超高要求。」（註50）**「他們想將他人奴隸化。」**（註51）

虐待狂作為虐待狂登場時，還有應對的方法。可是虐待狂帶著善意的面具登場時，就令人難以應對。

愛只是施虐的藉口。（註52）

這就是佛洛姆所說，善意的虐待。也是卡倫．荷妮所說，虐待的愛。（註53）

這是隱性的施虐。

虐待狂會使用各種方式讓愛的對象成為奴隸。這是導因於精神官能症的構造。最後，就被虐方看來，這樣的關係是很有價值的。然後就會讓被虐方被孤立。

將把對方視為所有物以及貶低對方連結起來，把對方逼到完全依賴的狀態中。（註54）對孩子的愛只是支配對方的藉口。愛的話語也只是為了讓對方成為自己奴隸的話語。

這若是夫妻關係的情況還好，若是親子關係，則是一場悲劇。

在夫妻關係中，會想把對方當奴隸，但卻做不到。因此「親子角色逆轉」的父母會想把孩子當奴隸。

就像我不斷提過的，在所有人際關係中受挫的人，最後會緊抓孩子不放。這就是精神官能症型的「親子角色逆轉」。

絕望的人會藉由將親近的人當奴隸以活下去。但是有時，也會被戀人、配偶，所有親近的人給拒絕。

因此「親子角色逆轉」的父母，最後會把孩子當成奴隸。

「逃避不安的道路不是只要確保與他人的共生關係，而是藉由支配他人、戰勝他人或是讓他人遵從自己的意志來達成。如果唯有讓他人遵照自己的意志我們才能從不安中獲救，那麼要緩和不安的方法，不論怎麼說，都只有在本質上變得具有攻擊性。」（註55）

「共生關係」這句話的意象是非常理想性的，但卻絕非如此。羅洛・梅本來的話是「symbiotic relationship」。

就算是寄生蟲，也是在宿主的身體中共存。爬木的長春藤也是和樹木一起成長。親子處於共生關係，指的並非是如詞語意象那樣的理想關係。

「讓他人遵從自己的意志」也不是直接字面上的意思。

施恩圖報、緊密糾纏、戴著愛情面具的施虐、隱藏在陰濕角落中的虐待，以及誇示悲慘的行徑等，攻擊性會進行各種各樣的變裝。

例如不安的父母會藉由隨己意支配孩子來逃避不安。因此孩子不遵從己意時就會感到不安而憤怒異常。但是，在此也無法直接表現怒氣。而是做出身而為人該有的行為，嘮嘮叨叨毫無止境地責罵。

這類父母雖會向社會炫耀孩子，對孩子本身卻毫無關心。總之，最重要的是自己。強烈的執著於自我。

「將保持與他人共生的關係，解釋成自己對他人的勝利，他人是照著自己意思行動的。」（註56）

這類父母反而會將孩子的自立解釋成是來自孩子的攻擊。因此孩子想要獨立，他們會激烈反對。

就父母的角度來說，孩子的獨立在其心理上是關乎生死的問題。是能活下去還是會死的問題。簡直就是抱持必死的覺悟在跟孩子的獨立戰鬥。

「敵意與不安的相互關係在臨床上是已經證實的事實。」（註57）

父母對孩子是否獨立的不安難以衡量。此時，父母對孩子所感覺到的敵意會很強烈。

「在臨床經驗上，一般很常發現到，不安的人懷抱有較多的敵意。」（註58）

因此，做出「親子角色逆轉」的父母會想藉由完全支配孩子來消除自己的敵意。

為了讓孩子置於自己支配之下，也會做出讓孩子在家庭內被孤立的事。只有不叫那孩子吃飯、只有不帶那孩子去旅行等，做出各種事來。這是邪教團體常用的手段。

就像先前寫過的，父母會和其他孩子聯合，排擠某一個孩子、欺負他。若你覺得「這種事簡直不可置信」，那是因為你不理解「親子角色逆轉」的父母所懷有的不安。

人為了逃離不安，什麼事都做得出來。

誠如先前所述，「絕望的痛苦會將該人變成對他人而言是有毒的人。」（註59）

也就是說，父母的絕望痛苦會以「親子角色逆轉」這種有毒的方式表現出來。

在絕望的親子關係中的共生有著攻擊性，所以出現「親子角色逆轉」時，孩子就會被父母攻擊。

孩子其實明明是被攻擊，卻非得要反過來認為自己是被愛的，被強制要求：「你必須感受到被愛。」

就像我說過好多遍的，這矛盾的要求會毀壞溝通能力。

想要順利進行溝通，前提是要能相互正確地理解，但是現在所說到的親子關係，卻被禁止去正確理解。

對於「妻子」這名義卻有著「母親」的扭曲期待。

所有人都希望被人關心，尤其是希望對自己而言重要的人關心自己。

即便父母對孩子的關心是像對自己所有物那樣自我陶醉的關心，孩子也會覺得自己是被關心的。父母也會裝出關心的模樣。

在共生關係中失去了一方，對另一方會造成衝擊。正因如此，愛只是錯覺。

雖然共生會產生攻擊性，但也有父母是對孩子毫不關心的。

不安的雙親在與孩子無關的事情中，會強迫性地去追求名聲。也就是說，若沒有變成家庭依賴症，也會變成名聲依賴症。

只是大致的順序是先有名聲依賴症，受挫後才變成家庭依賴症。

我已多次說明，在報紙上經常會出現「父親寵愛孩子」這樣的表現。

寵愛孩子與理解孩子的心理是不一樣的。表現出寵愛孩子的情況中，「父親幾乎都是精神官能症患者」。

報紙等說的「寵愛孩子」，背地裡有著父母的愛的渴望。

「患有精神官能症的雙親，一般有表現出過度愛情的傾向，他們的確是最容易透過照顧而誘發孩子精神官能症氣質的父母。」（註60）

父母會因對孩子抱有敵意的反作用，而給出孩子過度的愛。也就是患有精神官能症的雙親，會壓抑對孩子的敵意，誇示反作用的過度的愛。

做出「親子角色逆轉」的父母會向孩子要求愛情。而這幼兒性的愛情要求若得不到孩子的回應，父母就會對孩子生氣。然後父母會斥責孩子：「你為什麼這樣！」讓孩子感到「自己活著這件事是不被允許的。」

也就是說，若孩子無法回應父母不切實際要求，會因此感到自責，以及「自己是沒有生存價值的人」。接下來，孩子就會開始憎惡自己。

在「親子角色逆轉」的環境中生長，也是造成蔑視自我的一大原因。

亦即，在「親子角色逆轉」環境中生長的人，之後不論有多成功，都會一直在無意識的世界中蔑視自我。

貧困的連鎖會讓人不安，蔑視自我的連鎖卻不會造成社會的不安。

有句話說：「情緒尚未成熟的父母不會等待孩子自然成長」。與此同樣，父母希望孩子可以快點成長。但是一般情況下不會這樣對孩子要求。

我們知道幼小的孩子自然而然地是利己主義的，所以不會要求幼小的孩子有愛他性，不會要求幼小的孩子去理解他人的立場。

可是患有精神官能症的父母卻會要求孩子做到這地步。

孩子無法理解自己的忙碌與辛苦就會生氣。

一般父母都會說「很難這樣要求孩子吧」，但這種父母卻會這樣要求孩子。

孩子惹父母生氣了就會很要命。

這不是父母的自我主張，而是父母的精神官能症型要求。

長大成人後，若因為一些細微的失敗就喪失自信而沮喪，這樣的人，大多在小的時候就面臨幾近不切實際的超高標準，實際感受到自己無法回應他人期待，並感到痛苦。

若是被愛的孩子，會選擇離開給出這種標準的人。

但是，不被愛的孩子，由於從小就以這種基準被對待，他們的選項中沒有「離開這個選項」，他們對愛有強烈的飢渴感，所以無法自立。一定會緊黏不接受自己的人。為了回應重要的人所給出的不切實際的期待，痛苦程度簡直跟死沒兩樣。

父母自己遭受挫折，會單純地為了報復社會而希望孩子成功。結果，孩子成為復仇者父母的犧牲品。

事實上，給出「成功吧」「變得了不起吧」這個不切實際訊息的父親，與妻子間的關係並不好，不如說妻子彷彿透明的存在。

反而是孩子擔任起妻子的角色。若與妻子間的關係正常，丈夫可以在與妻子間的關係中處理掉自己在社會上受挫的心理。但是，他之所以想要藉由孩子的成功來克服這點，就是因為無法靠與妻子間的關係來解決，才會變成「親子角色逆轉」。

母親如此期待孩子時，對母親來說，孩子就成為丈夫。若妻子與丈夫相處融洽，妻子就不會向孩子要求這些。

父親對孩子有此期待，此時，孩子就成為妻子的替代品。

也就是說，會如此期待孩子的雙親，大多無法與人締交對等關係，且夫妻關係都是有裂痕的。

對孩子有過多期待的雙親，可以試著再次反省一下夫妻關係，檢視自己的夫妻關係，是否存在裂痕。

也就是說，「親子角色逆轉」的父親，會將包含對妻子的要求以及對自己母親的渴求在內，全都改去向孩子渴求。父母向孩子乞求的東西，比起向自己雙親以及配偶所乞求的，更高質量且範圍廣泛，所以是很深刻的。

而無法獲得時的憤怒與不滿，也會異常激烈。

所以我們完全能理解，何以現在嚴重的虐童事件是有增無減。

否認現實的親子

沒有確立自我心理狀態，在日常生活中會如何表現出來呢？會將自己的心理狀態合理化或徹底否認現實，並以羅洛・梅所說「消極地迴避不安」表現出來。

「親子角色逆轉」的父親沒有自信。

總之就是沒有面對現實的勇氣。碰到困難會先逃跑，然後企圖合理化逃跑這件事。例如父母把脾氣發洩到孩子身上，卻會說「是為了教育孩子」這種令人無法想像的謊話。

當然，就算是說謊，本人並不覺得是在說謊。雖然在無意識中知道是在說謊，但在意識層面卻不覺得是在說謊，合理化一切行為。

做出「親子角色逆轉」的父母，就是奧地利精神科醫生沃爾特・貝蘭・沃爾夫（W. Béran Wolfe）所說的 Neurose（精神官能症）。

退卻於現實，退卻於人生的戰場。

他們是大型的幼兒。總之心中有著強烈糾結的父母無法面對現實。

人心若愈是狂亂，就愈是會選擇逃避現實這種輕鬆的道路。並且會因為人生活得不順利而憎恨他人，打從心底憎恨。

放棄活下去的努力時，就是這種情況。

放棄努力活下去的雙親會責備孩子說：「明明自己最辛苦，家人卻都不理解我。」想藉由責備來逃脫痛苦。

而「親子角色逆轉」的父母，明明沒勇氣卻還要誇示自己的勇氣。總是畏畏縮縮的卻還要說自己是大膽無畏。只會口頭上說，卻沒有實行能力。

之所以會說得誇大，是因為在無意識中喪失了自信，也就是所謂的反作用。

先前說明過了，「親子角色逆轉」的雙親，會合理化自己的所作所為，但是除了合理化，也會強烈的否定現實。

孩子明明很不幸，卻會斥責孩子說：「你很幸福」。否認孩子不幸的現實，當然也否認自己的不幸，硬說「沒有人比我更幸福」。

總之，「親子角色逆轉」的父母沒有自信，所以會耍威風，總是批判別人。誠如先前所寫的，一般而言，這就是羅洛・梅所說的「消極地迴避不安」。

這麼一來就能整理自己心中的糾葛，藉由緊纏著孩子來解決。

在與孩子間的關係中，會因為想要解決所有的心靈糾葛而產生可怕的虐待。

與在「親子角色逆轉」中父母虐待孩子的可怕相比，職權騷擾只不過是笑話。

能夠自我實現的人，會在自我實現中解決矛盾。他們會靠自我實現來解決自己的無力感，不會變成虐待狂，也不會變成受虐狂。

「親子角色逆轉」的問題會帶給孩子恐怖感。

父母會緊黏孩子，一直不斷地百般折磨孩子。之所以會不斷折磨孩子，是因為責備孩子能讓父母不去關注自己的缺點。

父母會用不滿的表情不斷吹毛求疵，持續責備孩子細微的缺點。藉由責備孩子，不去看自己的缺點。

若停止責備孩子，只能面對自己「無能為力的現實」。

父母虐待孩子有各種理由。

例如，「親子角色逆轉」的父親，會為了成為讓自己父親認可的堅強男人而拚命努力，但實際上卻無法實現。

這麼一來，他會開始輕視自己的工作、公司，並虛張聲勢。

他之所以總是輕視社會上了不起的人，都是因為他想成為能獲得父親認可的「了不起男人」，卻沒辦法達成。

想成為能獲得父親認可的男人這個願望，與現實中自己極大的差距，於是產生幾近恐懼的自卑感。

之所經常會對孩子做出不切實際的超高要求，是因為在對孩子要求的同時，也是在對自己的父親大喊著：「我的程度沒有這麼高！」

「親子角色逆轉」的父親中，也有人會對自己的父親大喊著：「認同我吧」。

「親子角色逆轉」的父母，有時會想將戀人當成是代理媽媽，但卻受挫。若沒有人願意當他們的代理媽媽，他們就會做出「親子角色逆轉」，把孩子當代理媽媽，把孩子逼到精神官能症。

但是這和真正的代理媽媽不一樣，本質是被隱藏起來的。

就名實相符的代理媽媽來說，若是身為情婦會受到社會上的批判，但隱藏在「親子角色逆轉」中的代理媽媽是孩子，而父母方則會被稱讚是寵愛孩子的父親。

諷刺的是「親子角色逆轉」時父母寵愛孩子的情況，反而會被人們稱讚。

總之，「親子角色逆轉」的父母是精神官能症患者，無法認清自我。把自己放到了錯的人際關係位置上。

虐待狂深信自己是「有愛的人」。虐待狂深信「我是世界上最好的父母」。

這些人完全沒有自我意識（Self-awareness）。

我們常說「瞭解自己」。

這句話真想讓做出「親子角色逆轉」的父母聽聽。

曾有過盛行「重要的不是ＩＱ，是ＥＱ」的時代。

ＥＱ的重點就在於認識情感上的自我。（註61）

而據說，發揮ＩＱ能力的條件就是ＥＱ的高度。有了ＥＱ的能力，才能發揮ＩＱ的能力。

心靈與才智是不可分的。

「親子角色逆轉」的父母即便有出色的才智，很遺憾地卻沒有心。也就是說，「親子角色逆轉」的父母即便有很高的才智，也沒有意義。

根據先前的文獻記載，據說，高ＥＱ父母的孩子可以順利處理自己的情感。相反地，「親子角色逆轉」的父母則會破壞孩子的心靈。

恐怖的不只是虐待狂自己的誤以為是，而是周遭的世界也誤會了。

媒體會寫成是「寵愛孩子」。

但成為犧牲品的就是孩子。

有些母親會說著「家庭氣氛明明很好、很快樂啊」，但孩子卻會跳樓自殺。

有的時候，孩子在意識上雖會覺得很快樂，但在無意識中卻痛苦到想死。

「親子角色逆轉」中，親子雙方的意識與無意識都是背離的。父母在意識中雖認為自己是愛著孩子的，在無意識中卻討厭孩子到想殺死他。

不論是父母、孩子，還是媒體，都生活在與現實無關、錯覺臆想的世界中。

被稱為好孩子的犧牲者

好孩子引起社會事件時，很多時候，所有的「好孩子」慣常地都會消除負面的情感。

有人在生了病的家庭中成為了垃圾場。美國德州女子大學社會學副教授薇樂莉・馬拉特拉・本茨（Valerie Malhotra Bentz）說，「家庭系統排列」中就有這樣的犧牲者。（註62）

我注意到了「系統排列」這種表現。也就是說，在家族這種構造中，確實是有編排所謂的犧牲者。

本茨女士敘述到，「一直」都有個犧牲者會被傾倒負面情緒。那個孩子簡直就是大家習以為常的垃圾場。

亦即，大家不是偶爾才把負面情緒丟給那個孩子。家族中，已經將那孩子的角色定位為是「垃圾場」。

若將整個家族以星座為比喻，作為家族序列中垃圾場這個犧牲者的角色，他會被確實地安置在「好孩子」這個位置上。

而恐怖的是，大家還都「裝作」沒有注意到犧牲了那個孩子而生活。

那個孩子若不能好好扮演那樣的角色，父母就會輕蔑那個孩子。雖然本茨是這麼說的，但我認為，不僅是父母，其他家人也會輕視那個「好孩子」。

也就是說，那個孩子「會成為垃圾場，是大家決定的」。在這層意義上，那名孩子不是家庭的一員。若不是好的垃圾場，就會被輕蔑。而「好孩子」一方也這麼接受了。

從前所說的「好媳婦」也是，對周圍任性的人來說，不過就是「方便好用的人」。

聚集著狡猾人的團體中，若被評價為是「好人」，那就代表著犧牲者的意思。
所謂的垃圾場，就是處在「親子角色逆轉」中的孩子。因為孩子扮演了那個「傾倒負面情緒」的角色，才成為了垃圾場，若是父母扮演，就不是垃圾場。
這個「傾倒負面情緒」的角色會讓家族成長，因為可以解決每個成員的心靈糾葛。
當父母扮演這個角色，就會成為體諒家人心情的角色。那是指導者的角色。
若是由最有力者擔任這個角色，這個角色就會成為家庭的支柱，但若由最無力的人擔任，就會成為垃圾場。

因此，所謂的「好孩子」是令人無法相信的。因為他們經常會說謊。為了守護自身的安全，總是在說謊，討厭的也說「喜歡」，覺得「很棒」卻說「無聊」。
因為大家都很討父母歡心，所以自己不能讓父母心情不好。
「好孩子」就是像這樣迎合父母。自己即便覺得「那傢伙很卑鄙」，但為了讓父母開心，也會說謊說：「那個人好了不起」。
慢慢地，也就不會感覺是在說謊，同時也喪失了自己的感情。

並且處於「親子角色逆轉」的狀態而活。

孩子有自己的情緒，而且即便坦率表現自己那分情緒，自己的人身安全也是受到保障的，唯有如此，孩子才能開始老實表現真正的情緒。

能相信人的孩子當然也會被父母罵，但是那樣的孩子能感受到在父母怒氣中有著父母的愛。

在本茨女士的著作中，關於某位女性，出現有「沒有結束童年時期的工作（註63）」這樣的表現。

簡直就像她沒有完成童年時期的工作般。結果就是，她會以對人嚴厲的方式表現出來。

需求不滿的她對孩子的期待也是過大的。孩子成績不好就責備孩子。因此孩子的情緒會變得不安定。

她之所以責備孩子，是因為自己從小就是被罵大的。不讀書被罵，不幫忙也被罵。

這麼成長的她成為母親後就開始責備身邊的人。因為她是被罵大，長大成人後也會責備周遭的人。

大家都說那孩子的壞話，孤立並虐待那孩子。

一無所知的人會覺得是孩子自己不好，但其實是被虐待的孩子擔任了傾倒情緒的角色。

而成為家人垃圾場的犧牲者，他的憤怒會在本人都沒察覺到的情況下變得劇烈異常，並儲存在無意識中。

那是名為「不公平」的憤怒。自己強烈憤怒於被不公平地對待，卻完全不會表現在外，每天都不斷累積。

成為大人後，這樣的孩子會以各種各樣的形式將憤怒合理化並表現出來。或是以假裝、掩飾的方式表現。

先前已經說明過，對親近的人抱持過大的期待也是如此。

更甚的是，在日常生活中，即便實際上並沒有被不公平的對待，也會覺得自己被不公平的對待。

總之，只要沒有意識到自己每天的各種憤怒導因於從小受到不公平待遇，積累在無意識中的怒氣被刺激到而萌發出來，就無法獲得心靈的安寧。

被否定的人生

在「親子角色逆轉」環境中成長的人會變得怎樣呢？

當然會有基本的不安感。

父母的角色就是幫助孩子解決自己心中的糾葛。但因為情況逆轉了，變成孩子幫忙解決父母心中的糾葛。

父母應該要是鼓勵孩子成長的角色。但因為角色逆轉，具體來說，反而變成孩子在鼓勵父母成長。

這種事怎麼可能做得到？

在「親子角色逆轉」環境中生長的孩子就背負了這個做不到的角色而活。

生長在「親子角色逆轉」環境中的人，不論好壞，真實的自我都不被接納。

自己總是被父母強制著「這不是做不到」，所以就「一定要做到」。這樣的孩子，對情緒尚未成熟的父母來說是方便好用的操控對象。

並且孩子非得「完全接受」精神官能症患者父母的要求，僅管這對孩子來說完全是在自我否定真實的自己。

必須要完美，這種完美主義會讓孩子一輩子痛苦。

在美國關於依賴症的書中寫道（註64），在完美主義的根源中有著自殺願望。

讀到此時，我第一次有了「為什麼呢？」這個疑問。

可是仔細思考後就知道，這是當然的。

若是在「親子角色逆轉」的環境中成長，會想自殺也是當然的。反而是沒有自殺願望的人還比較奇怪。

自己不接受真實的自己，因為真實的自己是不完美的。因為父母要求一定要完美。

孩子不是為了消除父母需求不滿的工具，但是卻被要求做到「完美的自己」。自己若不是完美的，就沒有生存的價值。

這麼一來，會想著「想自殺」就是人類自然的避害本能。

若有人說：「我沒有父母。」人們就會說：「好可憐。」所有人都能理解這個「好可憐」。

可是被「親子角色逆轉」的孩子其實也是沒有父母的，不是真的沒有，而是心靈上沒有。

雖然有父母，卻持續受到來自父母的折磨。所有的鼓勵都是不得不自己鼓勵自己。

若說自己被父母虐待，人們也會說：「好可憐。」

可是在「親子角色逆轉」中，孩子受虐了，身邊的人還會誤解是「被疼愛了」。

我已多次說明過，媒體會將精神官能症的父母誤解為是「疼愛孩子」。

也就是說，在「親子角色逆轉」環境中生長的人，會被施加多倍的痛苦。

我們因為真實的自己獲得肯定而在心理上成長。

無力與依賴性，是人類的宿命。

因為真實的自己獲得肯定，自己才能接受自我。

但是，「親子角色逆轉」卻完全否定了這點。

即便長大成人，在心底仍有基本的不安，有著真實自我不被接受的不滿與不安。最重要的是，有著真實自我不被接受的憤怒。

由於在根源中有著攻擊性以及憤怒，所以對自己以及周圍的世界都沒有安全感。

結果就是被「這樣下去不行」這樣焦躁的心理所苦。

包含好壞在內，只有小時的父母願意接受作為矛盾存在的自己。

沒有人會願意接受長大成人、作為矛盾存在的自己。這樣將無法組成社會。要組成社會還是得要好就是好、不好就是不好的黑白分明。

人是矛盾的存在。可是卻又像馬斯洛所說的，自我實現的人可以忍耐矛盾。

而完全否定這分自我實現的，就是「親子角色逆轉」。

實現自我潛在的可能性，簡直是極為渺茫的世界，能存活下去的唯一條件就是滿足雙親的撒嬌，而非自我的潛在可能性。

但是，這種不良影響在長大成人後就會出現。被壓抑的東西會經變裝而表現出來。那會是毫無來由的焦急心理，沒來由的不安，沒來由的急躁，以及沒來由的不愉快。

在「親子角色逆轉」環境中生長的人不知道什麼是共同體。也就是說，不知道家族真正的意義，不知道親子關係的真正意義。

這件事對於「活著」這點是具有決定性的。

沒有共同體體驗，就是「沒有對象」，沒有和人「一起」生活的心。

和在「親子角色逆轉」環境中生長的人在一起時，一定要向那個人大叫著：「我在這裡喔！」

在「親子角色逆轉」環境中生長的人，從小就是獨自一人，沒有人體諒自己的心情。

早上起床時耳邊所聞都是要求。都是「做這個」「這樣感受」「這樣說」「這樣想」這種要求。

結果就會對無法達成要求的自己感到憤怒。自己總是很焦急。

若是照著父母的要求去想、照著要求去感受，就能被接納。要求本身很矛盾，所以不可能完全被接受。即便如此還是為了能被接受而努力。

最後就會喪失溝通能力。

在這種「親子角色逆轉」環境中成長的人會喪失獲得幸福的能力。

反過來說，在無意識中卻常會害怕「被孤立以及放逐」。

由於活得不像自己，所以總是焦躁、疲憊不堪。也就是說在根底中有著憤怒，久而久之感情當然會枯竭。

孩子會成為情緒失讀症（alexithymia）。所謂的情緒失讀症又被稱為是情感難言症。情緒失讀症不是沒有情感，而是無法理解、表現情感。欠缺情感自我認識的能力。

孩子會害怕認識自己的情感。若是和養育者期待的感情不一樣，就會不斷不斷地反覆被責備。心理上被扼殺了。所以才會害怕自己的感情。

藉由迎合就能獲得保護。不像我們常說的「保護與迎合」那樣容易，而是生死之間的選擇。

總是迎合他人，會使自我漸漸剝離，卻還是會意識到自己「討厭」對方的要求。

但是，在「親子角色逆轉」環境中生長的人沒有「討厭」這種意識。生存下去的條件就是完全成為父母期望的人。

若有了情感，就無法長年生活在「親子角色逆轉」這個環境中。

卡倫・荷妮所說蔑視自我的第三個特徵就是「容許虐待」。

被「親子角色逆轉」的孩子就是典型的例子，他們一直被父母欺負著。

總之，在「親子角色逆轉」環境中生長的孩子「一直被欺負」。

因此，對在「親子角色逆轉」環境中成長的人來說，沒有心靈的歸屬，只有精神上的地獄。

被「親子角色逆轉」的人，是被徹底自我否定的人。

長大成人後，作為反作用，有時就會徹底肯定自我。但是，這種自我肯定是反作用力，所以並沒有真正的自信。

總之，在「親子角色逆轉」環境中成長的人，是被迫徹底自我否定的。

具體來說，在需要被鼓勵時，會被強迫去鼓勵父母。需要有人體諒自己的心情時，卻被強迫去體諒父母的心情。

長大成人後，自我否定的反作用力會變成完美主義、精神官能症型的野心、復仇心而表現出來。

即便如此，在「親子角色逆轉」環境下生存的人，被迫否定自我，一直活到了今天。

這是很可怕的。

為了獲得幸福

在「親子角色逆轉」環境中成長的人，既是完全地被否定自我，卻又被迫要認為「我比任何人都被愛」而活到今天。

這將會完全破壞掉該人的溝通能力。

也就是說，在「親子角色逆轉」環境中生長的人會有最糟糕的基本不安感。

很多時候，孩子因為持續被父母責罵就會冒出自責的念頭。經常會覺得自己很糟。這會導致形成輕易許諾依賴症，會成為狡猾者的好獵物。

他們之中有些人想要克服基本的不安感，而強迫性地汲汲營營於追求名聲。這就是名聲依賴症。認為只要獲得名聲就能雪恥。

也有人成為工作狂。不得不去做工作。只要努力追求名聲以及工作，就可以不去面對不安。

有深刻自卑感的父母會要求孩子在社會上成功。

但是父母自己並沒有成功，所以會灌輸孩子一個強大的意象，亦即在社會上成功沒有價值。

孩子為了要做到沒價值的事，被迫拚死努力，但對於給予自己矛盾訊息的父母會有心理上的依賴。孩子會採納父母心中的矛盾。其中完全沒有正常情緒作動的餘地。

這也意味著喪失了溝通能力，並導致沒心靈沒有支柱。

在「親子角色逆轉」這種環境中生長的人，是活在空洞中的。也就是完全沒有自我意志的自我疏離狀態。若有了意志就無法生存下去。

這類人沒有活著的實際感受。若有了生存的實際感受，就活不下去。

就算再怎麼工作，也沒有工作的實際感受。因此無論如何都希望有「在工作」這種看得到的結果。想透過業績，確認「在工作」。

重視過程是正確的。但是對有自我疏離的人來說，重要的只有結果。

勉強自己做到父母的期望，孩子就會變得討厭自己跟父母。

孩子為了滿足父母的期待，會做自己不想做的事、放棄自我實現。最後孩子就會討厭父母跟自己。而這些都是在無意識中出現的。

在「親子角色逆轉」環境中生長的的孩子總是討厭著他人，而且人們同樣不喜歡他。他也會為深刻的自卑感所煩惱。

總之孩子在無意識中知道自己被父母親討厭，可是在意識上卻深信是「被愛」的。

那是因為若不想著父母是「深深關愛子女」，就會被處罰。這也會導致孩子喪失溝通能力以及沒有心靈支柱。

「親子角色逆轉」的父母會命令孩子接受、同意「拒絕」。父母禁止孩子察覺到自己的敵意。若發現有察覺的徵兆，對父母來說是非常大的危險，所以會激烈責罵孩子。

父母的個性中具有矛盾，卻尋求利用孩子來解決這矛盾。父母會強制向孩子要求「分離與連接」兩者，但這是不可能的。

若不能將不可能化為可能，父母就會處罰孩子。

父母拒絕孩子親近自己，卻也拒絕他們遠離。父母渴求著自己喜歡的事物，實際上一旦喜歡上了，又會拒之千里。

一邊渴求孩子成為自己喜歡的對象，同時又拒絕孩子喜歡自己。

孩子當然會迷失自我。

做出「親子角色逆轉」的父母，以及在「親子角色逆轉」環境中生長的孩子同樣都迷失了自我。兩方都離不開彼此。

總之，在「親子角色逆轉」環境中生長的人，會喪失了溝通的能力，導致沒有心靈的支柱，感受不到活著的幸福。

解決辦法只有一個，就是離開。

為了離開，孩子就必需要找到真正喜歡的人。孩子若有了喜歡的人，就能離開父母。當然，這種事無法立刻、直接做到。在各式各樣親子糾葛的最後都是分離。

最好的解決方法，就是能開心看待人與人之間的差異。

也就是知道，在這世上有心靈糾葛嚴重的人，相對的也有心靈安定的人，並開心看待這種人與人之間的差異。

就像在動物園開心看動物一樣，看著這世上形形色色的人，並享受其中的不同。

看人，要看一個人的人格個性，而非權力或金錢。這是能獲得幸福的基本態度。

能夠做到，不論是不幸，還是一直到青春期以前都生長在「親子角色逆轉」環境中的人，後來都能獲得幸福。

後記

「親子角色逆轉」的親子關係，雙方在心理上都病得不輕，所以很難分離，但是卻又必須分離。

在美國，推測有六萬名兒童被父母親手殺害，或是受到嚴重的暴力。（註65）這麼一說，大家會覺得很驚人吧。可是，比起被殺害，沒有被殺害而被玩弄擺佈的情況更嚴重。

精神官能症型的「親子角色逆轉」，或許比殺人更糟。

可是，我們卻沒那麼關注。

美國有一句名言：「今天父親是朋友，因為他們沒有身為父親的勇氣。」

的確，現在有許多父親都沒有具備身為父親該有的能力與意志。許多男性都是因為成為父親，而努力去做一名父親。但是就心理上的能力來說，卻無法成為父親。

在日本，有很多男性雖想著要成為父親，卻無法成為父親。那是因為自己在心理上還是小孩子。在成為父親前，心理上都沒有成長。

因此這種父親並不和孩子一起玩，而想跟朋友一起玩。就像高中生一樣。

如果父親不像個父親，家庭就無法成為家庭。

而現今的日本，母親的狀況也一樣。

長不大的男性與長不大的女性組成為家庭，所以孩子才會接而連三地出問題。

我雖然寫的是「現今的日本」，但或許，改寫成「現今的世界」會比較恰當。

現今世界的混亂，本質性的原因是「沒有父母的社會」。人們無法獲得在根源上所渴求的東西，這就是現代的情況。

如同尼采所吶喊的，首先是「上帝已死」，而現今的人們則是「失去了父母」。

長不大的父母充斥著這個時代，帶給人們不安，讓人們迷路。

「沒有父親的社會」這個主題過去曾造成問題（註66）。但是現今，不僅是失去了「堅強的父親」，連「溫柔的母親」也消失了。

而時代也表現出幼兒化、川普現象。單只是從政治性、經濟性的觀點來捕捉川普現象無法做出正確的解釋。

恐怖份子的能量是戀母情節的能量。這個世界除了有右翼抬頭的傾向，也有戀母情節的傾向。

不談「神」與「父母」的問題，就無法正確評論現代世界的思想狀況。

這本書不是單純針對需求不滿的父母的心理解說書。理解那樣的心理，就能理解這個世界，我是抱持著這樣的問題意識而寫這本書的。

我希望這本書能成為理解這世界混亂根源的一大助力。

這本書受到了中村由起人董事，永上敬總編的指導，於拙作《人生是靠看事情的眼光來決定》後繼續受到了井上晶子小姐的照顧。

■註

註1　John Bowlby, Separation, Volume 2, Basic Books, A Subsidiary of Perseus Books, L.L.C.(1973) p. 278／黒田実郎、岡田洋子、吉田恒子訳『母子関係の理論　II分離不安』岩崎学術出版社（１９７７年）２９４～２９５頁

註2　同前書、２９７頁

註3　同前書、３０６頁

註4　同前書、３０７頁

註5　同前書、２９５頁

註6　Abraham H. Maslow, Toward a Psychology of Being, D. Van Nostrand Co., Inc. (1962) p. 43／上田吉一訳『完全なる人間』誠信書房（１９６４年）60頁

註7　Karen Horney, Neurosis and Human Growth, W. W. NORTON & COMPANY (1950) p. 18

註8　I bid., p. 18

註9　I bid., p. 18

註10　I bid., p. 18

註11　Rollo May, Ma'ns Search For Himself, W. W. NORTON & COMPANY (1953)／小野泰博訳『失

われし自我を求めて』誠信書房（１９７０年）２６９頁

註12 Karen Horney, Neurosis and Human Growth, W. W. NORTON & COMPANY (1950) p. 195

註13 Erich Fromm, The Heart of Man, Harper & Row Publishers, New York (1964)／鈴木重吉訳『悪について』紀伊國屋書店（１９６５年）１３２頁

註14 同前書、１４０頁

註15 同前書、１４０頁

註16 Karen Horney, Neurosis and Human Growth, W. W. NORTON & COMPANY (1950) p.195

註17 Erich Fromm, The Heart of Man, Harper & Row Publishers, New York (1964)／鈴木重吉訳『悪について』紀伊國屋書店（１９６５年）１３１～１３２頁

註18 同前書、１３２頁

註19 同前書、81頁

註20 同前書、95頁

註21 Karen Horney, Neurosis and Human Growth, W. W. NORTON & COMPANY (1950) p. 40

註22 Abraham H. Maslow, Toward a Psychology of Being, D.Van Nostrand Co., Inc. (1962) p. 60

註23 I bid., p. 60

註24 I bid., p. 60

註25 John Bowlby, Separation, Volume 2, Basic Books, A Subsidiary of Perseus Books, L.L.C.(1973) p. 278／黒田実郎、岡田洋子、吉田恒子訳『母子関係の理論　II分離不安』岩崎学術出版社（１９７７年）２７１頁

註26 Karen Horney, The Neurotic Personality of Our Time, W. W. NORTON & COMPANY (1937) p. 69

註27 Karen Horney, The Unknown Karen Horney, Edited by Bernard J. Paris, Yale University Press (2000) p. 30

註28 John Bowlby, Separation, Volume 2, Basic Books, A Subsidiary of Perseus Books, L.L.C.(1973) p. 278／黒田実郎、岡田洋子、吉田恒子訳『母子関係の理論　II分離不安』岩崎学術出版社（１９７７年）２７１頁

註29 同前書、２７１頁

註30 同前書、２７１頁

註31 同前書、２７１頁

註32 Karen Horney, The Unknown Karen Horney, Edited by Bernard J. Paris, Yale University Press (2000) p. 127

註33 George Weinberg & Dianne Rowe, Will Power!, St. Marti'ns Press, New York (1996) pp. 138-151

註34 Karen Horney, The Unknown Karen Horney, Edited by Bernard J. Paris, Yale University Press

(2000) p. 126

註35　I bid., p. 127

註36　I bid., p. 127

註37　Erich Fromm, Man for Himself, Fawcett World Library, Inc. (1967) p. 60 ／谷口隆之助、早坂泰次郎訳『人間における自由』創元新社（１９５５年）30頁・80頁

註38　Manes Sperber, Masks of Loneliness, Macmillan Publishing Company (1974) p. 180

註39　Ellen J. Langer, Mindfulness, Da Capo Press (1990)／加藤諦三訳『心の「とらわれ」にサヨナラする心理学』ＰＨＰ研究所（２００９年）２５２頁

註40　George Weinberg, Self Creation, St. Marti'ns Press New York (1978)／加藤諦三訳『自己創造の原則』三笠書房（１９７８年）90頁

註41　Rollo May, Love and Will, Dell Publishing Co., Inc. (1969)／小野泰博訳『愛と意志』誠信書房（１９７２年）１０９頁

註42　同前書、４０４頁

註43　同前書、４０４頁

註44　Karen Horney, Neurosis and Human Growth, W.W.NORTON & COMPANY (1950) p. 21

註45　George Weinberg, Self Creation, St. Martin Press Co., New York (1978)／加藤諦三訳『自己創造

の原則』三笠書房（１９７８年）91頁

註46 同前書、91頁

註47 同前書、91頁

註48 R. D. Laing & A. Esterson, Sanity, Madness and the Family／笠原嘉、辻和子訳『狂気と家族』みすず書房（１９７２年）１２１頁

註49 Karen Horney, The Unknown Karen Horney, Edited by Bernard J. Paris, Yale University Press (2000) p. 22

註50 I bid., p. 129

註51 I bid., p. 127

註52 I bid., p. 126

註53 I bid., p. 126

註54 I bid., p. 126

註55 Rollo May, The Meaning of Anxiety／小野泰博訳『不安の人間学』誠信書房（１９６３年）２４１頁

註56 同前書、２４３頁

註57 同前書、１１６頁

註58　同前書、１１５頁

註59　Karen Horney, The Unknown Karen Horney, Edited by Bernard J. Paris, Yale University Press (2000) p. 127

註60　John Bowlby, Separation, Volume 2, Basic Books, A Subsidiary of Perseus Books, L.L.C.(1973)／黒田実郎、岡田洋子、吉田恒子訳『母子関係の理論　II分離不安』岩崎学術出版社（１９７７年）２７１頁

註61　Daniel Goleman, Emotional Intelligence, Bantam Books (1995)／土屋京子訳『ＥＱ』講談社（１９９６年）78頁

註62　Valerie Malhotra Bentz, Becoming Mature, Aldine de Gruyter (1989)

註63　I bid., p. 3

註64　Marion Woodman, Addiction to Perfection, Inner City Books (1982) p. 52

註65　Muriel James, Dorothy Jongeward, Born to Win, Addison-Wesley Publishing Company (1971) p. 197

註66　土居健郎『「甘え」の構造』弘文堂（１９７１年）１８４頁

國家圖書館出版品預行編目資料

受傷的孩子和長不大的雙親：修復親子角色逆轉，療癒童年創傷／加藤諦三著；楊鈺儀譯. -- 初版. -- 新北市：世潮，2018.10
面；　公分. --（暢銷精選；71）
ISBN 978-986-259-056-0（平裝）

1.親子關係　2.家庭關係

544.1　　107013577

暢銷精選 71

受傷的孩子和長不大的雙親：修復親子角色逆轉，療癒童年創傷

作　　者／加藤諦三
譯　　者／楊鈺儀
主　　編／陳文君
責任編輯／李芸
封面設計／林芷伊
出 版 者／世潮出版有限公司
地　　址／（231）新北市新店區民生路 19 號 5 樓
電　　話／（02）2218-3277
傳　　真／（02）2218-3239（訂書專線）・（02）2218-7539
劃撥帳號／ 17528093
戶　　名／世潮出版有限公司
世茂網站／ www.coolbooks.com.tw
排版製版／辰皓國際出版製作有限公司
印　　刷／祥新印刷股份有限公司
初版一刷／ 2018 年 10 月

ISBN／978-986-259-056-0
定　　價／300 元